D1994752

Konrad Bürgermeister/Manuel Stinglhammer

Wenn ..., dann Gott

Neue Anregungen zu Gebet und Besinnung
mit Kindern und Jugendlichen
in Schule und Gemeinde

mit Beiträgen von

Astrid Schmid
Anja Wagner
Alois Weber

VERLAG
Duschl

1. Auflage, 2004
Verlag Josef Duschl, Winzer

Titelgestaltung: Hans-Peter Eggerl
Beiträge von: Astrid Schmid Nr. 7, 10, 11, 13, 23, 72, 83, 84
Anja Wagner Nr. 29, 33, 38
Alois Weber Nr. 24, 63

ISBN 3-937438-12-2

Vorwort

Gebet und Besinnung sind wertvolle Beiträge zur Schulkultur. Schule wird menschlicher, wenn auch miteinander gebetet wird, wenn dem religiösen Moment genügend Raum gegeben wird. Denn wird die Seele vernachlässigt, beginnen andere Seiten im Menschen zu rebellieren und zu kränkeln. Über die frühen Christen wird berichtet, dass der Ort bebte, wenn sie gemeinsam gebetet haben. Es kam also etwas in Bewegung durch ihr Gebet. Beten war etwas Kraftvolles, das die Welt verändert. Von dieser Überzeugung mag etwas überspringen in die Herzen unserer Schülergeneration.
Beten und Sich-Besinnen sind ganz persönliche Akte, in denen das eigene Empfinden und Denken, die eigenen Stimmungen und Erfahrungen zum Ausdruck kommen.
Dieses Anliegen will unser Buch besonders aufgreifen:
Es wählt in über hundert Beispielen unterschiedliche Situationen aus dem Leben von Schülerinnen und Schülern und bringt diese ins Gebet. Leben wird also ins Gebet genommen.
Diese mit „Wenn“ eingeleiteten Situationen bearbeiten die Kinder und Jugendlichen für sich. Natürlich können die persönlichen Ergebnisse auch in ein gemeinsames Beten münden. (Nähere Erläuterungen unter Hinweise kompakt.)
Die Beispiele sind für alle weiterführenden Schulen und in Auswahl für die obere Grundschulstufe gedacht.

An dieser Stelle möchten wir ausdrücklich Dank sagen allen, die Beiträge und Ideen geliefert haben, gerade auch den Teilnehmerinnen und Teilnehmern an Fortbildungsveranstaltungen zum Thema „Spiritualität“ in der Schule.
Hans-Peter Eggerl hat das Layout und die Titelseite entworfen, Zeichnungen geschaffen und zusammen mit Diana Bensch die grafische Gestaltung des Buches übernommen. Sebastian Stinglhammer hat die zeitaufwändige Korrekturarbeit geleistet und das Stichwortverzeichnis erstellt. Wir sagen Danke für alle Mithilfe und Unterstützung und wünschen den Lehrerinnen und Lehrern und den Verantwortlichen in Gemeinde- und Jugendarbeit, dem persönlichen Gebet in Schule und Gemeinde einen neuen Schub zu geben.

Konrad Bürgermeister | Manuel Stinglhammer

„Auf Du und Du“

„Gott hat sein Ohr an deinem Herzen.“[1] Dieses Verständnis von Beten im Sinne des Heiligen Augustinus, steht als Leitfaden über allen Gebets- und Besinnungselementen dieses Buches.

Wenn...

Das Herz ist unser Zuhause, in dem wir wohnen, in dem wir sind, in dem unsere Gedanken, Empfindungen und Erfahrungen zu einer Lebensgeschichte verschmelzen, die verborgen darin schlummert.
Mit der Geschichte des Menschen, mit dem Auf und Ab des Lebens ist Gott zutiefst verwoben. Er – der selbst Mensch geworden ist – weiß Bescheid, was es heißt Mensch zu sein. Er ist vertraut mit Lachen und Weinen, mit Freude, Schmerz, Wut, absoluter Finsternis und der aufgehenden Sonne des Ostermorgens.

...dann, Gott!

Dieses Buch soll eine Einladung an Kinder und Jugendliche und an Gott sein, das Leben zu teilen.
Beten ist eben kein einseitiges Geschehen, kein isolierter Akt, der nur den Menschen beansprucht. Es ist nicht nur der Mensch, der dankt, schreit und fleht, sondern ebenso Gott, der handelt und wirkt. Ehe wir zu Beten beginnen, hat Gott sein Ohr schon an unser Herz gelegt, weil ihn die Sehnsucht nach und die Leidenschaft für den Menschen gepackt hat. [2] Im Gebet begegnet die Sehnsucht Gottes unserer Sehnsucht „auf Du und Du“.[3]
So sollen Kinder und Jugendliche in den Gebets- und Besinnungsformen dieses Buches einüben, Gott in ihren Lebenssituationen an ihr Herz heranzulassen, um so die lebendige Beziehung zu dem Gott zu vertiefen, zu dem wir „Du“ sagen dürfen: In Situationen des Dankes und Jubels, der Fragen, Ängste, Zweifel und des Schweigens. Wir dürfen uns getrost dem „Ohr“ Gottes anvertrauen, weil wir uns absolut auf ihn verlassen können. Er ist es, der im Verborgenen wirkt und das Herz berührt. Schon aus diesem Grund entzieht sich das Gebet jeglicher Kontrolle und jeglichem Leistungsdenken.
„Das Ohr Gottes an sein Herz heranzulassen“ ist nur in der Freiheit der Kinder Gottes möglich, fernab jeglicher Zwänge, damit der Geist spürbar wird, „in dem wir rufen: Abba, Vater!“ (Röm 8,15)

---

[1] Schütz, Christian, Art. Gebet, in: Ders. (Hg.), Praktisches Lexikon der Spiritualität, Freiburg 1992, 438. – auch: Hemmerle, Klaus, Dein Herz an Gottes Ohr, Einübung in das Gebet, Freiburg i. Br. 1987, 12.
[2] Vgl. ebd., 443f. - Vgl. Katechismus der Katholischen Kirche, München 1993, Nr. 2567.
[3] Vgl. ebd., Nr. 2560.

Inhaltsverzeichnis

Hinweise kompakt

☺ Individuelles und gemeinsames Beten

- Sinn: Die Besinnungs- und Gebetsangebote dieses Buches dienen in erster Linie der persönlichen Auseinandersetzung und dem persönlichen Beten. Unter Beachtung der Intimsphäre ist der Austausch in der Klasse genauso erstrebenswert, wie gemeinsames Beten auf freiwilliger Basis.
- Empfehlung: Einige Gebetselemente sind aufgrund unterschiedlicher Lebenssituationen vorzugsweise allein für die persönliche Auseinandersetzung geeignet (z.B. „Wenn mir etwas gewaltig stinkt", „Wenn ich im ‚Siebten Himmel' schwebe"), anderen hingegen kann sich die gesamte Klasse einheitlich widmen (z.B. „Wenn endlich Freitag ist", „Wenn ich haufenweise Segen brauche").

☺ Gebetstheke

- Sinn: Versucht der Individualität und den unterschiedlichen Lebenssituationen der Schüler/-innen gerecht zu werden.
- Empfehlung: Der Lehrer/-in kann verschiedene Gebetselemente (Anzahl: ca. 3-6) zur Auswahl anbieten, evtl. morgens. Dabei empfiehlt sich, den Schüler/-innen zunächst die Überschriften isoliert (z.B. auf Folie) zu präsentieren, z.B.:

Gebetstheken-Paket 1

Wenn die Stimmung nicht zu toppen ist
Wenn ich mir jemanden wünsche, der nicht mit meinen Gefühlen spielt
Wenn ich die Schnauze voll habe
Wenn Gott eine Ehrenurkunde verdient hat
Wenn ich heute unbedingt Quatsch machen muss

Gebetstheken-Paket 2

Wenn es Zoff gegeben hat
Wenn jemand einfach ausgeschlossen ist
Wenn ich den Frühling einfach genial finde
Wenn ich total „happy" bin
Wenn ich Bock habe, etwas kaputt zu schlagen

☺ **Zeitvorgabe**

- ➩ Sinn: Hilft den Schüler/-innen ihre Gebetszeit zu strukturieren.
- ➩ Empfehlung: Vorzugsweise 5 bis 15 Minuten, je nach gewähltem Element und Handhabung der Lehrkraft.

☺ **Intimsphäre achten!**

- ➩ Sinn: Fördert Wege zum *persönlichen* Beten. Die Schüler/-innen schreiben ehrlicher und aus tieferem Herzen, wenn sie die Gewissheit haben, dass die Lehrkraft ihr Gebet nicht kontrolliert! Es kann für die Schüler/-innen eine ungewohnte Erfahrung sein, für sich selbst und nicht für die Schule oder Lehrkraft zu arbeiten.
- ➩ Empfehlung: **Ich-Buch** – Ein Heft (z.B. DIN A5) anlegen, in dem die Schüler/-innen alle Elemente einkleben können. Darin können sie ferner über alles schreiben, malen, dichten usw., was ihnen wichtig ist, von Erlebnissen, Träumen, Sehnsüchten und Ärgernissen. Ein Ich-Buch ist geheim und nicht für Andere gedacht.
  oder: Alternativ können die Elemente zugeklebt oder in einem Kuvert verschlossen in das Heft einfügt werden (evtl. mit „top secret“ kennzeichnen!).

☺ **Kreuzzeichen**

- ➩ Sinn: Stellt uns bewusst in die Gegenwart des heilenden Gottes.
- ➩ Empfehlung: Gemeinsames Kreuzzeichen jeweils zu Beginn und am Ende gemeinsamer Stille- und Gebetsphasen innerhalb der Gebetselemente. Dauer je nach Gebetselement und Möglichkeit zwischen 30 sec und 3 Minuten.

☺ **Texte lesen**

- ➩ Sinn: Bewusstes Erlesen eines Textes oder Betrachten eines Bildes im Sinne einer religionsdidaktischen Verlangsamung.
- ➩ Empfehlung: Die Texte der Gebetselemente gemeinsam lesen, z.B. ein oder mehrere Schüler/-innen lesen vor, die Lehrkraft liest vor oder reihum liest jeder Schüler/-in eine Zeile oder einen Satz vor, dabei legt die Lehrkraft vorher die Reihenfolge in der Klasse eindeutig fest. Leise Hintergrundmusik kann einer meditativen Atmosphäre förderlich sein.

☺ Gestalte...

- Sinn: „Gestalte“ bedeutet einen möglichst großen Freiraum für die Schüler/-innen und berücksichtigt somit deren Individualität.
- Empfehlung: Einmal in der Klasse die Bedeutung des Begriffes klären, z.B. Schreiben unter Verwendung besonderer Schriftarten und Farben, Gestaltung durch zeichnerische bzw. malerische Elemente, schneiden, kleben, usw.

☺ Besondere methodische Elemente

- Schreibbild: Im Schreibbild sollen die Schüler/-innen einen Begriff oder Ausdruck in einem vorgegebenen Rahmen so schreiben, dass in der Art und Weise des Schreibens und Anordnens die Bedeutung des Begriffes zum Ausdruck kommt; z.B.:

Einsamkeit	MAUERMAUERMAUERA ERMAUERMAUERMAUE RMAUERMAUERMAUER UERMAUERMAUERMAU ERMAUERMAUERMAUE RMAUERMAUERMAUER	Umkehr

- Wortpyramide: Die Wortpyramide ist eine vereinfachte dichterische Form. Sie dient vorzugsweise der Zusammenfassung. So steht in der ersten Zeile der zentrale Begriff, in der zweiten Zeile zwei Wörter, die sich auf diesen Begriff beziehen. In der dritten Zeile drei Wörter, die sich aus den Begriffen der zweiten Zeile entwickeln, usf. Die Begriffe werden dabei pyramidenartig angeordnet, z.B.:

Leben
Freude Leid
einfach Spaß haben
und doch lernen müssen
Stress Druck Ruhe und Vertrauen

☺ Das Gebet gehört ins Klassenzimmer

Die Ergebnisse vieler gemeinsamer Elemente können auf ein Plakat geklebt und im Klassenzimmer aufgehängt werden. Freiwilligkeit gilt dabei als unumstößliche Voraussetzung!

„Gottes Ohr zu-lassen an unser Herz,
unser Herz zu-lassen an Gottes Ohr:
darum geht es, das ist die Kunst des Gebetes.
Eine Kunst übrigens für jedermann;
denn es ist nicht unsere Kunst,
sondern jene des Geistes, den Gott uns gibt
und der in uns betet ...“[1]

Bischof Klaus Hemmerle

[1] Hemmerle, Klaus, Dein Herz an Gottes Ohr. Einübung ins Gebet, Freiburg i. Br. 1987, 12.

Kurzgebete

Hinweis: Aus der Reihe der folgenden Psalmworte kann eines ausgewählt und den Schülern und Schülerinnen auf Folie präsentiert werden. Dieses kann beispielsweise in der Klasse reihum mündlich oder gestalterisch im Heft ergänzt und so zum persönlichen Gebet werden.

Mein Herz ist bereit, o Gott, mein Herz ist bereit, ich will dir singen und spielen. Wach auf meine Seele! Wacht auf, Harfe und Saitenspiel, ich will ______________________

(Ps 57, 8f.)

Nur eines erbitte ich heute vom Herrn, danach sehne ich mich: ____

(Ps 27,4)

Singt Gott ein neues Lied, greift voll in die Saiten und jubelt laut! Denn ______________________

(Ps 33,3)

Nahe ist der Herr den zerbrochenen Herzen, er hilft denen auf, die ______________________

(Ps 34,18)

Meine Seele dürstet nach ______________________

(Ps 42,1)

Sende dein Licht und deine Wahrheit, Gott, damit ____________

(Ps 43,3)

Meine Seele, warum bist du betrübt und bist so unruhig in mir? Warte auf Gott, denn ______________________

(Ps 42,6)

Wenn ich Farbtupfer im Leben brauche

Das wünsche ich mir:

Von Zeit zu Zeit
das kleine Wunder,
eine dünne Spur
von Glück!

Von Zeit zu Zeit
einen Hauch von
Lebensfreude
und den Glanz der
aufgehenden Sonne!

Von Zeit zu Zeit
jene Freude,
die anhält!

Von Zeit zu Zeit
in die Traurigkeit hinein
einen warmen
Sonnenstrahl!

Von Zeit zu Zeit
den Weg in eine
Oase:
Wasser schöpfen
und Ruhe finden!

Von Zeit zu Zeit
die Stunde,
die Tränen
trocknen lässt!

Anleitung

1. Höre zuerst in dich hinein:
   Was ist für dich anstrengend, was macht dir Angst, was nervt dich.
2. In solchen Situationen wünschst du dir, was dir gut tut.
   Lies die Angebote oben und rahme ein, was du heute brauchst.
3. Du kannst den gewählten Text auch ausschneiden und in dein Ich-Buch kleben.

Wenn die Stimmung nicht zu toppen ist

Alles passt!

Ich freu mich auf den Tag.

Heute ist sogar Schule schön.

Heute habe ich Lust, mich ins Zeug zu legen.

Heute zeig ich, was in mir steckt!

Heute kann ich alles anpacken!

Heute hab ich das Gefühl,

dass mir vieles gelingen kann,

dass ich gut drauf bin.

Heute traue ich mir viel zu.

Mit dir, Herr, gehe ich in diesen Tag.

Mit dir, Herr, packe ich heute zu.

Denn ____

Anleitung

1. Lies zuerst das Gebet leise für dich.
2. Führe dann den Satz, der mit „Denn“ beginnt, in deinem Sinne zu Ende.
3. Sprich jetzt leise das neue Gebet für dich.

Wenn ich total „happy“ bin

Lieber Gott,

heute muss ich dir mal schreiben. Mir geht's nämlich spitzenmäßig,

weil ____

____

____

Übrigens, das wollte ich dir auch schon lange mal sagen: __________

____

____

Viele Grüße und ______________________________

Dein(e)

4

Anleitung

Ergänze den Brief an Gott und unterschreibe ihn.

Wenn ich den Frühling einfach genial finde

Konrad Schmid

Anleitung

1. Betrachte das Bild des Künstlers Konrad Schmid.

2. Zeichne in das Bild, was du im Frühling einfach genial findest.

3. Unterstreiche aus der folgenden Wortschlange die Wörter, die für dich besonders wichtig sind, wenn du an den Frühling denkst.

schmetterlingraupeblumeknospeerwachenschöpferblühenkraftlebenneu
winterfarbengeistleuchtenherrlichgenießenspürenwindsonnenstrahlen
freiheitliebesehnsuchtfindenheiligaufspringenwachsenaufstehenstart

4. Schreibe mit den unterstrichenen Worten eine Wortpyramide (1.Zeile – ein Wort, 2.Zeile – zwei Wörter, 3.Zeile – drei Wörter usw.) mit mindestens drei Zeilen an eine für dich passende Stelle in das Bild. Beginne in der ersten Zeile mit dem Wort GOTT.

<u>Beispiel:</u>

Gott

____________ ____________

____________ ____________ ____________

Wenn ich im „Siebten Himmel“ schwebe

Konrad Schmid

Anleitung

1. Betrachte das Bild des Künstlers Konrad Schmid.
2. Suche nach einzelnen Worten, die deine Gefühle und Gedanken ausdrücken. Schreibe sie an passende Stellen in das Bild.
3. In der Heiligen Schrift findet sich ein Buch, das „Hohelied“, das in kunstvoller Weise von der Liebe zwischen Mann und Frau erzählt. Aus dem „Hohelied“ sind folgende Zeilen:

Ich beschwöre euch, Jerusalems Töchter: Wenn ihr meinen Geliebten findet, sagt ihm, ich bin krank vor Liebe. (Hld 5,8)

Leg mich wie ein Siegel auf dein Herz, wie ein Siegel an deinen Arm! Stark wie der Tod ist die Liebe. (Hld 8,6f.)

Auch mächtige Wasser können die Liebe nicht löschen; auch Ströme schwemmen sie nicht weg. (Hld 8,7)

Des Nachts auf meinem Lager suchte ich ihn, den meine Seele liebt.
Ich suchte ihn und fand ihn nicht. Aufstehen will ich, die Stadt durchstreifen, die Gassen und Plätze, ihn suchen, den meine Seele liebt.
(Hld 3,1f.)

4. Unterstreiche die Teile aus den obigen Zeilen, die dich heute ansprechen.
5. Füge nun die einzelnen Teile zu einem Text zusammen und schreibe ihn unter das Bild. Du kannst dabei auch eigene Worte verwenden. Dein Liebesgedicht ist entstanden!

Wenn ich auf der Suche nach Glück bin

Jesus nennt Menschen selig:
Als Jesus die vielen Menschen sah, stieg er auf einen Berg. Er setzte sich zu seinen Jüngern und begann zu reden:
Selig, die Trauernden, denn sie werden getröstet werden.
Selig, die keine Gewalt anwenden, denn sie werden das Land erben.
Selig, die barmherzig sind, denn sie werden Barmherzigkeit erfahren.

Glücklich vor Gott sind die Menschen,

die ______________________________

denn ______________________________

Glücklich sind die Menschen,

die ______________________________

denn ______________________________

Glücklich sind die Menschen,

die ______________________________

denn ______________________________

Anleitung

1. Lies die oben genannten Seligpreisungen aus dem Matthäus-Evangelium.
2. Schreibe deine eigenen Seligpreisungen, indem du die vorgegebenen Satzanfänge fortführst.

Wenn ich nicht weiß, wofür ich danken soll

Nimm einmal am Tag dein Herz in die Hand. Streichle es zärtlich und innig und danke Gott, dass du mit deinem Herzen fühlen und lieben kannst.

Nimm einmal am Tag deine Seele in die Hand. Berühre sie ehrfürchtig und sanft und danke Gott, dass du ihm unendlich kostbar bist.

Nimm einmal am Tag dein Leben in die Hand. Leg es dir als Geschenk in beide Hände und danke Gott, dass er dich begleitet und segnet.

Nimm einmal am Tag deinen Geist, deine Vernunft und Fantasie in deine Hände. Staune und freu dich, wozu du fähig bist und danke Gott für alle Gaben und Talente, die du wie Schätze in dir trägst.

Nimm einmal am Tag deinen Willen in beide Hände. Spüre seine ganze Kraft und Energie und danke Gott für alle deine Stärken.

Nimm einmal am Tag deine Verwundungen in die Hände. Tröste sie, versöhne dich mit ihnen und danke Gott, dass er dich heilen will und dass du selbst verzeihen und dich mit anderen versöhnen kannst.

aus: Klemens Nodewald: Applaus für den Zitronenfalter © Verlag Herder, Freiburg i. Br.

Anleitung

1. Lies den Text in Ruhe.
2. Wähle einen Abschnitt, der heute zu dir passt und gestalte ihn in deinem Heft. Beginne mit deinem Vornamen (z.B. Johannes, nimm einmal...)
3. Du kannst deinen Abschnitt in der Klasse laut vorlesen.

Wenn ich über mich nachdenke

Es gibt Wappen, z. B. von Ländern, Orten, Bistümern, Familien, Einzelpersonen. Besonders adelige Personen halten viel von ihrem Wappen. Wappen sagen etwas über die Entstehung, Besonderheit und Bedeutung eines Ortes; sie erzählen davon, was einer Person wichtig ist.

Anleitung

1. Denke über dich nach, woher du stammst, was dich ausmacht, was dir wichtig ist.
2. Teile dein Wappen in verschiedene Felder auf und gestalte in Zeichen und Farben, was zu dir gehört.
3. Schreibe darunter einen Wappenspruch, der dir Leitlinie für dein Leben ist.
4. Du kannst als Wappenspruch auch einen der folgenden Sätze aus der Bibel wählen.
   - Mit meinem Gott überspringe ich Mauern.
   - Der Herr ist mein Hirte.
   - Der Herr kennt mich. Er weiß von mir.
     Er ist vertraut mit all meinen Wegen.
   - Gott hat sein Ohr an meinem Herzen.
   - Herr, ich will dich verstehen. Ich will für dich wach sein, wohin immer mein Weg mich führt.
   - Liebe ist freundlich und lässt sich nicht erbittern.
   - Mit Gott.
   - Von Gott getragen.
5. Schreibe auf für Gott, was dein Wappen von dir erzählt.
   Benütze die Leerzeilen.

Guter Gott, ____

____

____

Wenn ich ruhig werden möchte

Um zur Mitte zu finden, musst du dir Zeit und Ruhe gönnen.
Gehe gelassen deinen Weg.
Beeile dich nicht.
Atme ganz ruhig.
Lass deine Gedanken wie Wolken ziehen.
Verfolge weiter deinen Weg.
Vertraue darauf: du kommst der Mitte immer näher.
Manchmal gehst du Umwege.
Lass sie zu, sie bedeuten Erfahrungen.
Nicht jeder Weg ist gleich.
Geh deinen eigenen Weg bis zum Ziel.

Anleitung

1. Lies in aller Ruhe den Text.
2. Unterstreiche einen Satz; nämlich den, der dich am besten anspricht.
3. Schreibe diesen einen Satz von außen kommend, so oft in die Spirale, bis du am Ziel bist.

Wenn ich mir Zeit nehmen darf

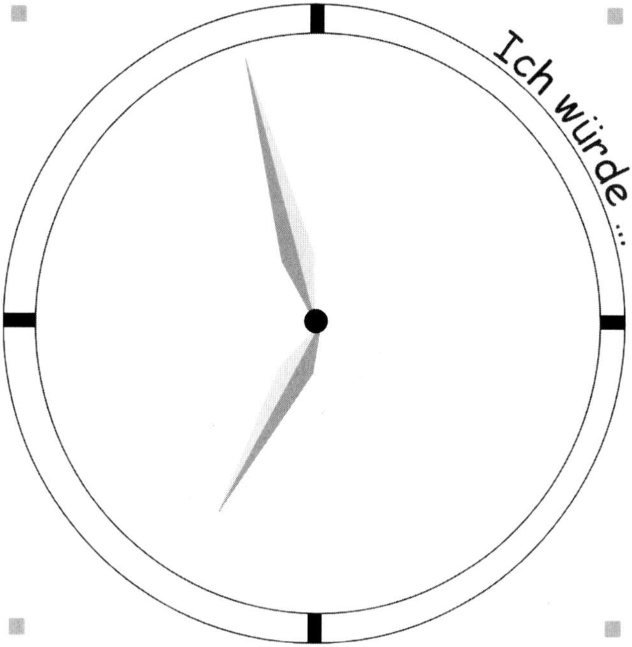

Anleitung

1. Stell dir vor, jemand schenkt dir zwölf Stunden freie Zeit.
2. Schreibe in das Ziffernblatt hinein, was du mit / in dieser Zeit alles tun würdest.

Wenn es Dinge gibt, die ich nicht verstehe

Manchmal passieren in meinem Leben Dinge, die ich einfach nicht verstehe.

Wähle aus jeder Gruppe ein Stichwort aus, zu dem du Fragen hast.

Drogen, Coolsein, Interessen, Handy, Eifersucht, **Freunde**, Streit, Clique, Rauchen	Trennung, Hausarbeit, Geburt, **Familie**, Tod, Geschwister, Taschengeld, Ausgehen, Streit
Armut, Beruf, Macht, Terror, **Welt**, Krieg, Islam, Hunger, Religion, Arbeit	Zukunft, Pausenhof, Noten, **Schule**, Angst, Strafe, Lehrer

Anleitung

1. Verbinde jetzt deine Fragen mit den Satzanfängen und formuliere weiter.

   Ich verstehe nicht, dass ____________________

   Ich verstehe nicht, warum ____________________

   Ich verstehe nicht, ____________________

   Ich verstehe nicht, ____________________

2. Gott begegnet einem Menschen im Traum und sagt:
   „Wo du nicht mehr weiter weißt, dort bin ich dir ganz nahe.“

Wenn mir die Worte fehlen

Psalmworte:

Ich bin einsam und gebeugt. (Ps 25)

In deiner Hand liegt mein Geschick. (Ps 31)

Mit meinem Gott überspringe ich Mauern. (Ps 18)

Der Herr gibt dir Schatten. (Ps 121)

Hilf mir, o Gott! Ich habe keinen Halt mehr. (Ps 69)

Anleitung

1. Lies die einzelnen Psalmworte.
2. Welcher Satz spricht dich momentan am besten an? Kreise ihn ein.
3. Gestalte ihn bildlich (konkret, abstrakt) so wie du magst.

Wenn mir Mut und Kraft fehlen

Der Engel des Aufbruchs soll mich begleiten,
wenn ich Gewohntes aufgeben soll.

Er soll ______________________________
wenn die Zukunft mir Angst macht.

Er ________________________________
wenn etwas Neues auf mich wartet.

Er ________________________________
wenn mir der Mut fehlt.

Er ________________________________
wenn ich nicht mehr die Kraft aufbringe, etwas zu ändern.

Er ________________________________
wenn ich vor einer Entscheidung stehe.

Er ________________________________

Anleitung

1. Lies dir die Gedanken durch und denke dich kurz in die verschiedenen Situationen hinein.
2. Du kannst alle Sätze zu Ende führen.
   Vielleicht sind heute für dich nur ein oder zwei Sätze notwendig. Dann schreibe nur diese weiter.
3. Gib deinem Engel des Aufbruchs einen neuen Namen, z. B. Mein Mutmachengel, Engel des Risikos ...
   Schreibe den Namen in das Kästchen.

Wenn ich nicht mehr weiß, worauf es ankommt

Worauf sollen wir hören, sag uns worauf?
So viele Geräusche, welches ist wichtig?
So viele Beweise, welcher ist richtig?
So viele Reden!
Ein Wort ist wahr.

Wohin sollen wir gehen, sag uns, wohin?
So viele Termine, welcher ist wichtig?
So viele Parolen, welche ist richtig?
So viele Strassen!
Ein Weg ist wahr.

Wofür sollen wir leben, sag uns wofür?
So viele Gedanken, welcher ist wichtig?
So viele Programme, welches ist richtig?
So viele Fragen!

Auf

____

kommt es an.

Lothar Zenetti

Anleitung

1. Jeder/jede Schüler/-in euerer Klasse liest reihum eine Zeile des Textes laut vor.
2. Worauf kommt es für dich wirklich an? Ergänze den letzten Satz der dritten Strophe.
3. Du darfst deinen Satz in der Klasse laut vorlesen.

Wenn ich Sicherheit suche

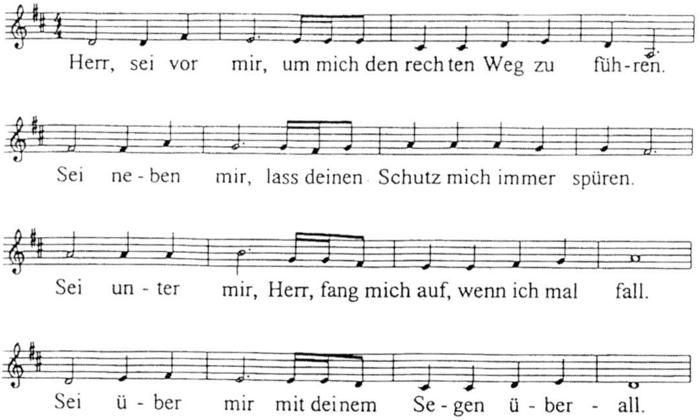

Quelle unbekannt

Herr, sei in mir ______________________________

Sei hinter mir ______________________________

Sei um mich rum ______________________________

Sei ganz bei mir ______________________________

Anleitung

1. Schau in dich und spüre nach, was dich unsicher macht.
2. Im Gebet spürst du, wie Menschen in Unsicherheit und Ungewissheit ihren Gott suchen.
   Lies dir den Text durch.
3. Füge selbst eine zweite Strophe an oder schreibe eine angefangene Zeile weiter.
4. Welches der drei dargestellten Bilder passt für dich am besten? Gestalte selbst ein eigenes.
5. Vielleicht kann das Lied auch gesungen werden.
   Es ist ein leichter Kanon in vier Gruppen.

Wenn ich etwas in mir verloren habe

Ich suche nach etwas. In mir.

Ich habe einen Teil von mir irgendwo verloren

und finde nur Anzeichen von mir.

Es drehen sich zu viele Rädchen

in mir und um mich.

Die Stille wird verdrängt,

und ich laufe hinter mir her,

ohne mich einzuholen.

17 Ich weiß nicht ____.

Ich suche nach ____

____.

Gott, ich ____.

Anleitung

1. Lies den Text in Ruhe.
2. Ergänze die Lücken so, dass sie auf deine Situation passen.

Wenn mir jemand wirklich zuhören soll

Bartimäus lebt in Jericho, der von Mauern umgebenen „Palmenstadt", so erzählt uns das Markusevangelium. Er ist blind und muss deshalb betteln, um überleben zu können. Als Blinder fühlt er sich oft ausgestoßen. Als Jesus mit seinen Jüngern am Stadtrand vorbeikommt und er hört, dass es Jesus ist, schreit er so laut er kann: „Sohn Davids, Jesus, hab Erbarmen mit mir!" Die Leute werden ärgerlich und zischen ihn an, er solle still sein. Aber er hört nicht auf zu schreien. Jesus ruft ihn zu sich und fragt: „Was soll ich dir tun?"

Anleitung

1. Gestalte den Schrei des Baritmäus in dein Heft: „Sohn Davids, Jesus, hab Erbarmen mit mir!"

2. Wähle eine andere Farbe und schreibe darunter die Frage Jesu: „Was soll ich dir tun?"

3. Antworte Jesus! Formuliere einen Satz!

4. Gestalte einen Rahmen um deinen Dialog.

Wenn ich jemanden brauche, der mich trägt

Vielleicht ist dir die Erzählung „Spuren im Sand“ bekannt:

Eines abends hatte ein Mann einen Traum. Er träumte, dass er mit dem Herrn den Strand entlang ging. Bei jeder Szene sah er zwei Paar Fußspuren im Sand; ein Paar gehörte ihm, das andere dem Herrn. Er stellte auch fest, dass es oft auf seinem Lebensweg nur ein Paar Fußspuren gab, dies gerade bei den schwersten und traurigsten Zeiten seines Lebens. Er befragte den Herrn darüber: „Ich verstehe nicht, warum Du mich verlassen hast, als ich Dich am meisten brauchte." Der Herr antwortete: „Während Deiner Zeiten des Leids, wo Du nur ein Paar Fußspuren siehst, habe ich dich getragen."

Quelle unbekannt

Anleitung

1. Ergänze dein eigenes „Achrosticon“. Was ist für dich ein Problem?

Beispiel

	P	ubertät
	R	egeln
	O	rientierungslosigkeit
Lie	**B**	e
Schu	**L**	e
	E	ltern
	M	obbing

dein eigenes Achrosticon

	P	
	R	
	O	
	B	
	L	
	E	
	M	

2. Was kann dir bei deinem Problem weiterhelfen?
   Schreibe Stichpunkte in die Leerzeilen

____

____

____

____

Was du nicht tragen kannst, trägt Gott mit dir.

Wenn es mir schwer fällt zu vertrauen

Der Herr ist mein Hirte,
nichts wird mir fehlen.
Er lässt mich lagern auf grünen Auen
und führt mich zum Ruheplatz am Wasser.
Er stillt mein Verlangen;
er leitet mich auf rechten Pfaden, treu seinem Namen.
Muss ich auch wandern in finsterer Schlucht,
ich fürchte kein Unheil;
denn du bist bei mir,
dein Stock und dein Stab geben mir Zuversicht.
Du deckst mir den Tisch
vor den Augen meiner Feinde.
Du salbst mein Haupt mit Öl,
du füllst mir reichlich den Becher.
Lauter Güte und Huld
werden mir folgen mein Leben lang,
und im Haus des Herrn darf ich wohnen für lange Zeit.

Psalm 23

Anleitung

1. Ein/eine Schüler/-in liest den Psalm vor.
2. Gestalte deinen eigenen Psalm, indem du Satzteile ausschneidest, neu zusammenstellst und in dein Heft einklebst. Du darfst auch eigene Worte hinzufügen.
3. Du kannst dein Gebet in der Klasse vorlesen.

Wenn ich zweifle, ob ich die Zukunft meistern werde

Diana Bensch, Burghausen 2004

Anleitung

1. Was möchtest du in Zukunft erreichen? Was zählt in deinem Leben und für deine Zukunft wirklich?
   Schreibe deine Gedanken in das Bild.
2. Vieles könnte zukünftig in unserem Leben auch misslingen. Schreibe deine Befürchtungen und Ängste in einer anderen Farbe in das Bild.
3. Gott war für das Volk Israel und ist für uns heute immer ein Gott, der mit den Menschen mitgeht. Die Bibel spricht immer wieder davon.
   Wähle aus den folgenden Bibelstellen eine aus und gestalte sie an eine passende Stelle in das Bild.

Gott sagt: „Ich lasse dich nicht fallen und verlasse dich nicht. Sei mutig und stark!"

(Jos 1,5f.)

„Fürchte dich also nicht, und hab keine Angst; denn der Herr, dein Gott, ist mit dir bei allem, was du unternimmst."

(Jos 1,9)

Jesus sagt: „Seid gewiss: Ich bin bei euch alle Tage bis zum Ende der Welt."

(Mt 28,20)

Der Herr ist die Kraft meines Lebens: Vor wem sollte mir bangen?

(Ps 27,2)

Wenn ich Orientierung für mein Leben brauche

Tobit war erblindet und hatte fast kein Geld mehr, um seine Frau Hanna und seinen Sohn Tobias zu ernähren. So schickte er Tobias auf eine große Reise, um das Geld, das er vor Jahren bei einem Freund hinterlegt hatte, abzuholen. Bevor Tobias aber aufbrach, gab ihm Tobit noch einige Weisungen mit auf den Weg:

Wende deinen Blick niemals ab, wenn du einen Armen siehst, denn Gott wird auch seinen Blick nicht von dir abwenden!

Hab keine Angst!

Gutes zu tun bewahrt vor dem Weg in die Finsternis.

Was dir selbst verhasst ist, das mute auch einem anderen nicht zu!

Wenn du dich an die Wahrheit hältst, wirst du bei allem, was du tust, erfolgreich sein.

Sei achtsam, wenn du eine Beziehung eingehst!

Suche nur bei Verständigen und Weisen Rat! Verachte einen brauchbaren Ratschlag nicht!

Preise den Herrn, zu jeder Zeit. Bitte ihn, dass dein Weg geradeaus führt und dass alles, was du tust und planst, ein gutes Ende nimmt.

(nach Tob 4)

Anleitung

1. Lies die einzelnen Weisungen des Tobit für seinen Sohn Tobias in Ruhe.
2. Wähle eine Weisung aus, die du als wichtigen Rat für dein Leben erachtest und rahme sie farbig ein.
3. Versuche sie dir auswendig zu merken.
4. Gestalte deine Weisung auf einer Seite in deinem Heft!

Wenn für jemanden ein guter Stern leuchten soll

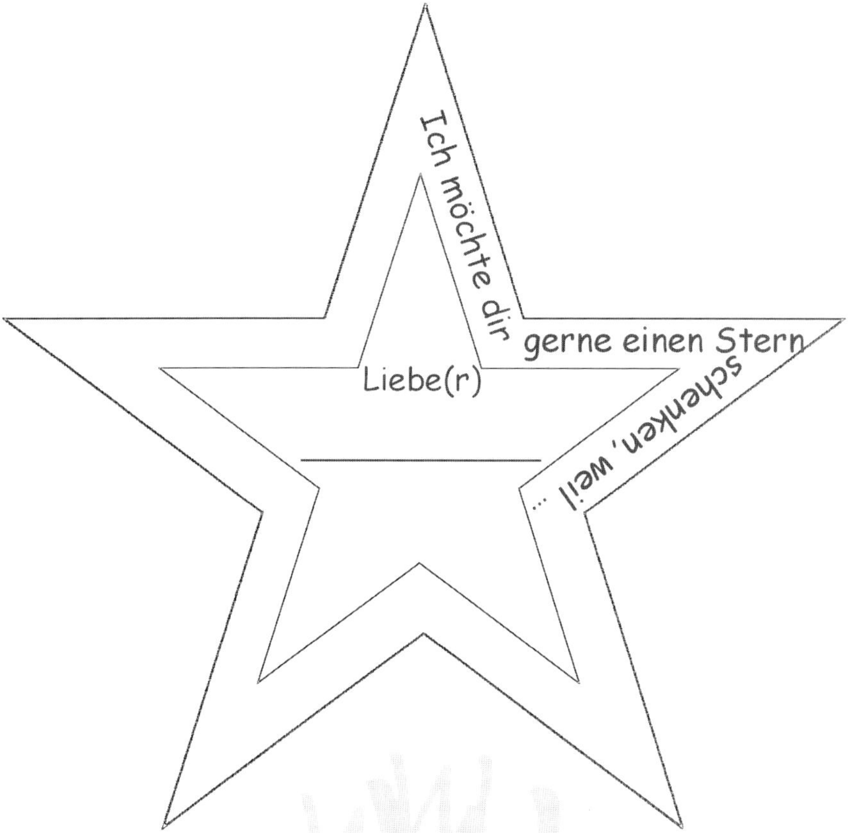

Anleitung

1. Stell dir vor, du hast einen Stern zu verschenken.
   Überlege dir, wem du damit eine Freude machen möchtest, und warum.
2. Schreibe den Namen zusammen mit der Begründung in den Stern hinein.

Wenn ich jemandem Gutes wünsche

Ich wünsche dir Zeit zum Zufriedensein können.

Ich wünsche dir Augen, um auch die kleinen Dinge des Alltags wahrzunehmen.

Ich wünsche dir Ohren, die auch Untertöne im Gespräch mit anderen aufnehmen.

Ich wünsche dir zur rechten Zeit das richtige Wort.

Ich wünsche dir Zeit für dich selbst und auch zum Verschenken.

Ich wünsche dir Zeit, dich zu freuen und zu lachen.

Ich wünsche dir Zeit: Zeit haben zum Leben.

Ich wünsche dir Eigenschaften, die dich das werden lassen,
was in dir grundgelegt ist.

Ich wünsche dir Menschen, die dir Vorbild sein können.

Ich wünsche dir Menschen, die dir weiterhelfen, wenn du traurig bist.

Irische Segenswünsche

____

____

Anleitung

1. Suche dir einen Wunsch aus, der nach deiner Meinung gut zu einer dir bekannten Person passt.
2. Schreibe den Wunsch auf ein Kärtchen und gib ihn dieser Person.
3. Du kannst auch einen ganz persönlichen Wunsch an jemanden formulieren. Schreibe ihn in die Leerzeilen.

Wenn ich jemanden in Gedanken bei mir habe

Am liebsten ______________________________

Ich glaube ______________________________

Vorbild ______________________________

Manchmal ______________________________

Es tut weh ______________________________

„In" ist für mich ______________________________

Hoffentlich ______________________________

Gott, ist ______________________________

____

____

Guter Gott, ______________________________

____

Anleitung

1. An welche Person denkst du gerade heute? Das kann jemand aus deinem Bekanntenkreis sein, oder jemand, den du im Fernsehen erlebt hast, oder Menschen aus anderen Ländern, Menschen in besonderen Situationen ...
2. Stelle dir die Person genau vor, spür in sie hinein und schreibe aus ihrer Sicht die oben angefangenen Sätze zu Ende.
3. Sprich mit Gott über die Person und schreibe das mit „Guter Gott" beginnende Gebet weiter.

Wenn ich jemanden kenne, dem es total mies geht

Gegrüßet seist du Maria, voll der Gnade,
der Herr ist mit dir.
Du bist gebenedeit unter den Frauen,
und gebenedeit ist die Frucht deines Leibes, Jesus.
Heilige Maria, Mutter Gottes, bitte für uns Sünder
jetzt und in der Stunde unseres Todes.
Amen.

Maria, ich bitte dich heute für ______________________ ,

weil, ____

____.

Anleitung

1. Lies das Gebet „Gegrüßet seist du Maria“ in Ruhe.
2. Suche für jede Zeile ein passendes Wort, das den Gedanken der Zeile ausdrückt und schreibe es in eines der Kästchen, beginnend mit dem oberen.
3. Die Gottesmutter Maria haben Menschen immer wieder um Hilfe angefleht, weil sie wissen, dass sie in einer ganz engen Beziehung zu Gott steht. Für wen möchtest du heute bitten? Ergänze den letzten Satz.

Wenn ich „Brücken“ bauen möchte

Die anderen Brücken

„Du hast einen schönen Beruf“,
sagte das Kind zum alten Brückenbauer,
„ es muss schwer sein, Brücken zu bauen.“
„Wenn man es gelernt hat, ist es leicht“,
sagte der alte Brückenbauer, „es ist leicht,
Brücken aus Beton und Stahl zu bauen.
Die anderen Brücken sind viel schwieriger“,
sagte er, „die baue ich in meinen Träumen.“
„Welche anderen Brücken?“ fragte das Kind.

Anne Steinwart

Ich möchte eine Brücke bauen

von der Traurigkeit 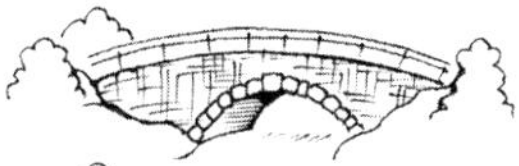 zur Freude

von ________________ 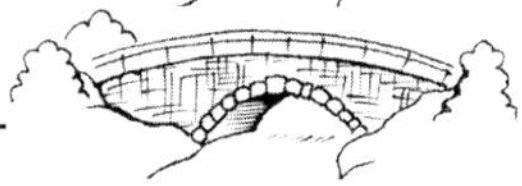 ________________

________________ 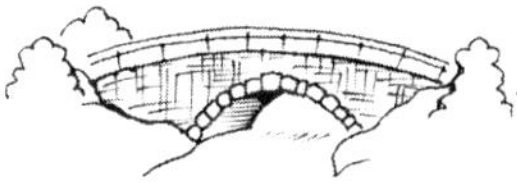 ________________

________________ 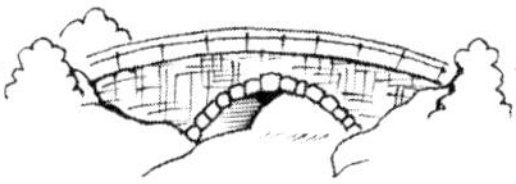 ________________

Anleitung

1. Lies den Anfang des Gesprächs zwischen Brückenbauer und Kind. Was wird deiner Meinung nach der alte Brückenbauer geantwortet haben?

____

____

2. Von welchen Brücken träumst du? Ergänze die obigen Leerzeilen.
3. Gott, an diesen Brücken will ich mitbauen.

Wenn ich in die neue Woche starte

Lieber Gott, sei so gut:

Nimm mir die Angst vor dem Montag,

denn ______________________________

Gib mir Nächstenliebe am Dienstag,

____

Erneuere meine Kraft am Mittwoch,

____

„Ich bin bei dir!", sag mir am Donnerstag,

____

und am Freitag, dass es ohne Kreuz nicht geht,

____

Am Samstag, lass mich das Unerledigte noch tun.
Mach mich frei von allem, was bedrückt,
entspanne mich und gib mir einen neuen Horizont
am Tag, der dir und mir besonders gut gefällt. Amen.

Anleitung

1. Lies das Gebet.
2. Führe die Sätze mit deinen Gedanken schriftlich zu Ende.
3. Dieses Gebet kann dich eine ganze Woche begleiten.

Wenn ich Gott in meinen Tag mitnehme

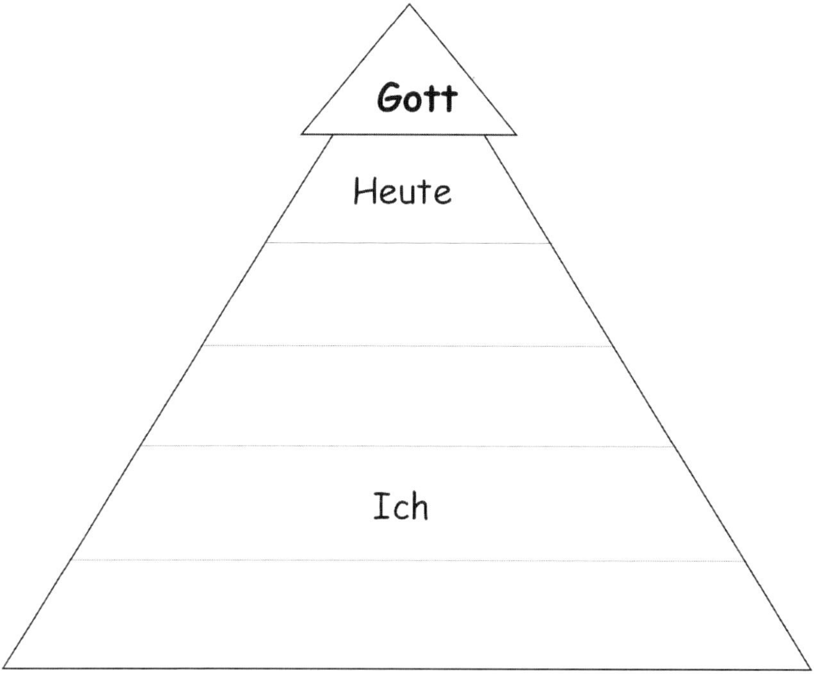

Anleitung

1. Denke an den heutigen Tag: An das, was bereits geschehen ist und an das, was noch vor dir liegt.
2. Führe die mit „Heute“ und „Ich“ beginnenden Sätze in der Pyramide weiter.

Wenn ich Gott eine SMS über mein Wochenende schreiben könnte

Anleitung

1. Denke an dein Wochenende zurück.

   a) Einiges war echt super.
   Schreibe deine schönen Erlebnisse mit je ein bis zwei Worten farbig in das Handy. Lass dabei das Display des Handys frei.

   b) Vielleicht gab es auch miese Erlebnisse.
   Nimm eine andere Farbe und schreibe alle schlechten Erfahrungen ebenso in das Handy, außerhalb des Displays.

2. Schreibe Gott eine SMS über dein Wochenende in das Display. Du kannst dabei einen der folgenden Satzanfänge verwenden.

Hi, Gott! Danke für...

Hallo, Gott, hilf mir, dass ich...

Gott, mein Wochenende war einfach...

Hey Gott, warum...

Gott, es war einfach genial, dass...

Diana Bensch,
Burghausen 2004

Wenn endlich Freitag ist

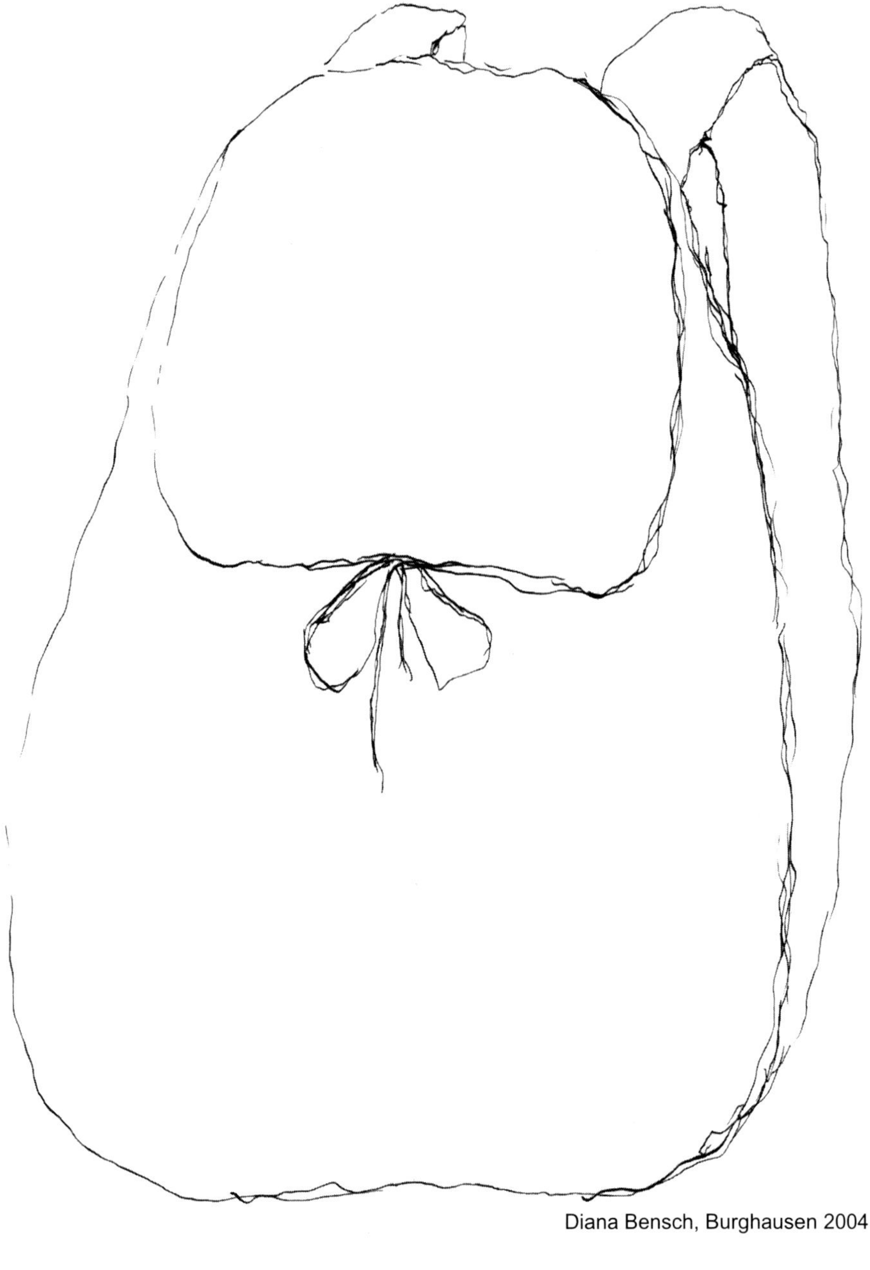

Diana Bensch, Burghausen 2004

Anleitung

1. Schließe deine Augen für einen Augenblick und mache dich auf die Reise in die fast vergangene Schulwoche. Was war alles los? Was war gut? Was hat dir den letzten Nerv geraubt?
2. Vieles tragen wir wie in einem schweren Rucksack mit uns umher. Notiere deine Erlebnisse der Woche in den Rucksack.
3. Sprecht (oder singt) folgendes Lied gemeinsam oder abwechselnd zwischen Mädchen und Jungen:

Wenn wir nun gehn,
soll es nicht wie gestern sein.
Wenn wir nun gehn,
soll's ein neuer Anfang sein.
Wenn wir nun gehen,
musst du mit uns gehn,
weil du, Herr, das Leben bist.

T u. M: K. Stimmer-Salzeder

Wenn das Schuljahr endlich vorbei ist

Diana Bensch, Burghausen 2004

Anleitung

1. Denke an das vergangene Schuljahr zurück. Was ist alles geschehen? In der Schule? In der Klasse? Zu Hause? Bei dir selbst? An Gutem und weniger Gutem? An Leichtem und Schwierigem?
   Notiere deine Einfälle in die Hand.

2. Was vergangen ist, können wir nicht mehr ändern, nicht das Gute, nicht das weniger Gute. Am Ende des Jahres legen wir alles in die Hand Gottes zurück.
   Schreibe um die Hand und ergänze:

   Gott, in deine Hände lege ich dieses Schuljahr zurück.

   Danke für...

   Bitte...

3. Du darfst deine Erinnerungen laut sagen.
   Nach fünf Schüler/-innen stimmen alle ein:

   Gott, in deine Hände legen wir dieses Schuljahr zurück.

Wenn Ferien vor der Tür stehen

Anleitung

1. Ergänze die angefangenen Sätze mit deinen Gedanken.
2. Gestalte das Bild mit Farbe.

Wenn mir der Unterricht gefällt

Der Herr hat Großes an mir getan:
da war ich fröhlich.
Der Herr hat Großes an mir getan:
da ist mein Mund voll Lachen
und meine Zunge voll Jubel.

aus Ps 126

Auch dein Erfolg im Unterricht hat mit Gott zu tun.

Gott, mit deiner Hilfe kann ich ______________________________

____

Gott, du schenkst mir ____________________________________

____

Gott, ich freue mich, weil _________________________________

____

Danke ______________________________

Dein/e _______________

Anleitung

1. Schreibe die Gedanken zu Ende.
2. Gestalte den Brief nach deinen Vorstellungen.
3. Lies deinen Brief Gott leise vor.

Wenn ich heute unbedingt Quatsch machen muss

Heute wieder der Pausenclown?
Wenn's mich doch so juckt, den Lehrer hochgehen zu lassen!
Es tut mir total gut richtig aufzufallen!
Ich möchte einfach, dass alle auf mich schauen!
Jetzt, nicht später!
Ich will nicht still sitzen und aufmerksam sein!
Ich will die Aufmerksamkeit ganz allein für mich!
Ist das so schlimm?
Ist das zuviel verlangt?
Ich bin doch auch wer!
Ich will, dass immer jemand auf mich schaut!
Sie sagen, dass du, Gott, der bist, der das tut! Schaust du auf mich?
Stimmt das?

Anleitung

1. Wo findest du dich in diesen Zeilen wieder? Unterstreiche.
2. Schau dich leise um und schenke allen kurz einen Augen-Blick der Aufmerksamkeit.
3. Schreibe einen Satz mit einem guten Wunsch für deine Klasse in das Kästchen.

Wenn mich der Unterricht nicht interessiert

Das liegt daran, dass
ich null Bock habe auf Schule
mir das Fach nicht gefällt
ich den Lehrer nicht leiden kann
Aufpassen nervt
zu wenig Action ist
sowieso immer die Gleichen drankommen
ich lieber was anderes tun möchte
es langweilig ist
mich der Stoff nicht juckt
ich andere Probleme habe
Aufpassen uncool ist
ich sowieso nichts kann
mich mein Nachbar nervt
ich müde bin

Anleitung

1. Markiere die Sätze, die auf dich zutreffen.
2. Schreibe weiter:
   Interessant wäre der Unterricht, wenn ...

   ____

   ____

   ____

3. Ergänze im Kästchen deinen Vornamen im ersten Satz.
   Führe dann Satz zwei und drei zu Ende.

Mach dich auf, denn Gott will dich, ____________________,
gewinnen für die Hoffnung neu an diesem Tag.

Mach dich auf, denn Gott will dich ____________________

____

Mach dich auf, denn Gott will dich ____________________

____

Wenn eine Prüfung ansteht

Jesus,

heute soll ich wieder mal geprüft werden.
Mein Wissen wird abgefragt.
Es wird mir auf den Zahn gefühlt.
Ich bin etwas unruhig und nervös.

Wird alles gut gehen? Schaffe ich das?
Ich möchte doch so gerne eine gute Leistung erbringen!

Schenke mir Ruhe und Konzentration, damit ich gut arbeiten kann.
Schenke mir Mut und die Kraft mich durchzubeißen,
auch wenn es Schwierigkeiten gibt.
Schenke mir die Gewissheit, dass ich wertvoll bin,
besonders wenn es nicht so gut klappen sollte.

Du hast versprochen: Ich bin bei euch bis ans Ende der Welt.
Darauf hoffe ich.
Jetzt ganz besonders.

Amen.

Anleitung

1. Lies das Gebet.
2. Gestalte aus dem Gebet Teile, die dich ansprechen, in die Spirale. Natürlich darfst du auch deine eigenen Worte verwenden. Beginne dabei außen und beende Dein Schreiben in der Mitte der Spirale.

Diana Bensch, Burghausen 2004

Wenn Kreuze zu tragen sind

JEDER MENSCH TRÄGT EIN KREUZ IN SICH.
DIES WIRD BESONDERS DEUTLICH, WENN ICH
AUFRECHT STEHE
UND BEIDE ARME
NACH AUSSEN
AUSBREITE

WELCHES KREUZ HABE
ICH ZU TRAGEN ?

IN SOLCHEN SITUA-
TIONEN HILFT MIR ...

Anleitung

1. Beantworte die Frage für dich.
2. Vervollständige den Satz: In solchen Situationen hilft mir ...
3. Gestalte den Hintergrund des Kreuzes mit Farbe.

Wenn ein lieber Mensch gestorben ist (I)

Hinweis

Der Tod eines lieben Menschen trifft uns immer hart. Hier muss behutsam vorgegangen werden. Diese Vorschläge verstehen sich als das Ende eines vorausgehenden Prozesses, der selbstverständlich das gemeinsame Gespräch beinhalten muss, zumal, wenn es sich um einen Todesfall an der Schule handelt. Hilfreich kann es hier auch sein, ein Foto der Person aufzustellen und Kerzen anzuzünden.

Anleitung

1. Denke an den Menschen, der verstorben ist. Einige Erinnerungen, gemeinsame Erlebnisse kommen dir in den Sinn.
2. Was hättest du dem Menschen noch gerne gesagt? Schreibe einen Satz auf ein Blatt!
3. Die Blätter werden gefaltet und gemeinsam verbrannt. Dazu kann folgendes Gebet gesprochen werden:

Guter Gott, ... (Name) ist gestorben

und lebt nicht mehr unter uns.

Wir hätten ihm/ihr noch gerne einiges gesagt.

Wie der Rauch des Feuers zum Himmel aufsteigt,

so mögen all unsere Worte ... (Name) erreichen.

Wir bitten dich, schenke ihm/ihr Heimat bei dir

und tröste uns, die um ihn/sie trauern.

Darum bitten wir durch Christus, unseren Herrn. Amen.

Wenn ein lieber Mensch gestorben ist (II)

Diana Bensch, Burghausen 2004

Anleitung

1. Denke an den Menschen, der verstorben ist. Schreibe seinen/ ihren Namen in die Mitte des Kreuzes.

2. Du kannst einige Erinnerungen an ihn/sie, gemeinsame Erlebnisse in das Kreuz schreiben.

3. Lies das Gebet. Schreibe die Teile, die dich ansprechen, um das Kreuz.

Gütiger Gott,

in deine Hände übergeben wir ... (Name)

und hoffen von ganzem Herzen, dass er/sie bei dir ist.

Wir danken dir, dass er/sie gelebt hat und wir ihn/sie kennen durften.

Wir danken dir für das Gute,

das wir durch ihn/sie erfahren und mit ihm/ihr erlebt haben.

Wir bitten dich, nimm ihn/sie auf in dein Reich,

in dem alle Tränen abgewischt werden,

in dein Reich grenzenloser Freiheit und ewiger Geborgenheit.

Schenke ihm/ihr Heimat bei dir.

Uns aber, die wir zurückbleiben,

schenke die Kraft einander beizustehen und zu trösten

mit der Botschaft des Glaubens.

Darum bitten wir durch Christus, unseren Herrn. Amen.

Wenn ich fassungslos vor dem Leid stehe

Als Jesus gekreuzigt wurde, war Maria seine Mutter, ihre Freundin, die auch Maria hieß und einer seiner Jünger, namens Johannes, dabei. Die Mutter Jesu stand fassungslos unter dem Kreuz. Fassungslos vor so viel Leid. Fassungslos über die Grausamkeit. Fassungslos vor so viel Blut. Fassungslos, weil sie ohnmächtig zusehen musste.

Anleitung

1. Gib Maria ein Gesicht! Vervollständige den Umriss! Du kannst das Gesicht auch mit passenden Worten ergänzen.

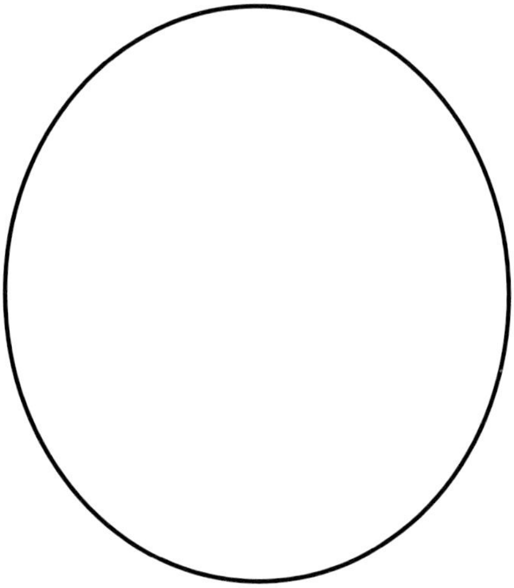

2. Lass Maria sprechen und ergänze die folgenden Satzanfänge in der Ich-Form!

Warum nur ____

____?

Mein Herz fühlt sich an wie __________________________________

____.

Es ist unglaublich, dass ______________________________________

____!

Ich hoffe nur, Gott, dass ____________________________________

____!

Wenn mich Angst befällt

Komm herab, o Heiliger Geist,
der die finstre Nacht zerreißt,
strahle Licht in diese Welt.

Komm, der alle Armen liebt,
komm, der gute Gaben gibt,
komm, der jedes Herz erhellt.

Höchster Tröster in der Zeit,
Gast, der Herz und Sinn erfreut,
köstlich Labsal in der Not.

In der Unrast schenkst du Ruh',
hauchst in Hitze Kühlung zu,
spendest Trost in Leid und Tod.

aus: Gotteslob, Katholisches Gebet- und Gesangbuch, © Verlag Herder, Freiburg i. Br.

Anleitung

1. Vier Schüler/-innen euerer Klasse lesen je eine Strophe der Pfingstsequenz zu leiser Hintergrundmusik vor.
2. Gestalte Zeilen oder einzelne Worte, die dich ansprechen, farbig in das Bild von Konrad Schmid. Lass dir dabei Zeit!
3. Reihum darf jeder Schüler/jede Schülerin einen seiner/ihrer gestalteten Teile vortragen.

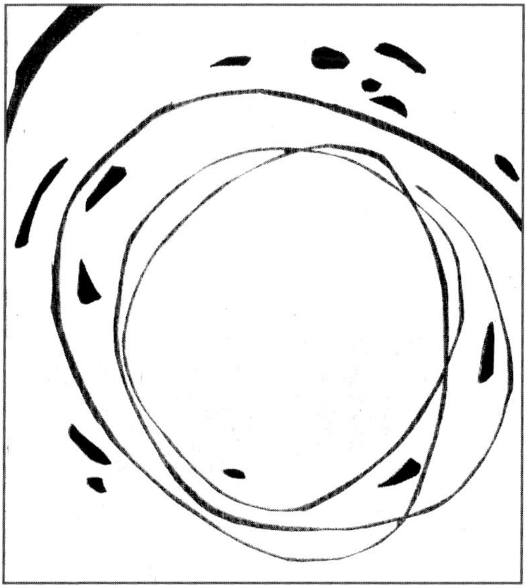

Konrad Schmid

Wenn Menschen in Not sind

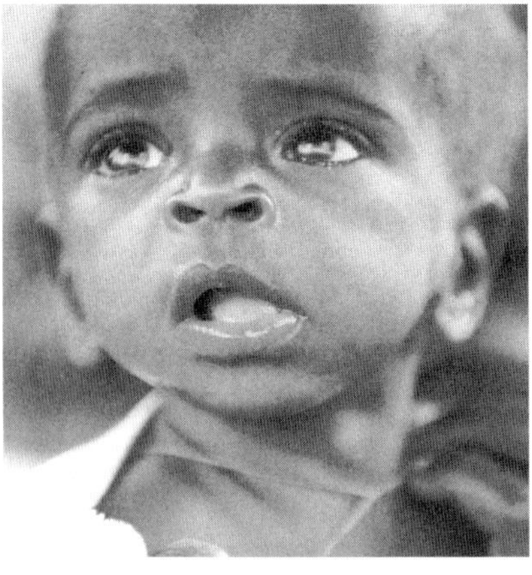

Anleitung

1. Wähle eines der vier Fotos von Menschen in Not, rahme es farbig ein und lass den Menschen zu dir sprechen:

   Wenn du wüsstest ____________________

   ____

   Wie kann ____________________

   Ich bin zutiefst ____________________

   denn ____________________

2. Wonach sich dieser Mensch sehnt.
   Schreibe auf.

   Ich wünsche mir, ____________________

   ____

   Ich sehne mich nach ____________________

3. Zu einem Menschen wie diesem gehört auch der Satz in der Bibel:

Gott wird abwischen alle Tränen.

   Schreibe diesen Satz einfach weiter.

   ____

4. Schreibe, was du Gott über diesen Menschen zu sagen hast:

   ____

   ____

Wenn ich nur noch „schwarz“ sehe

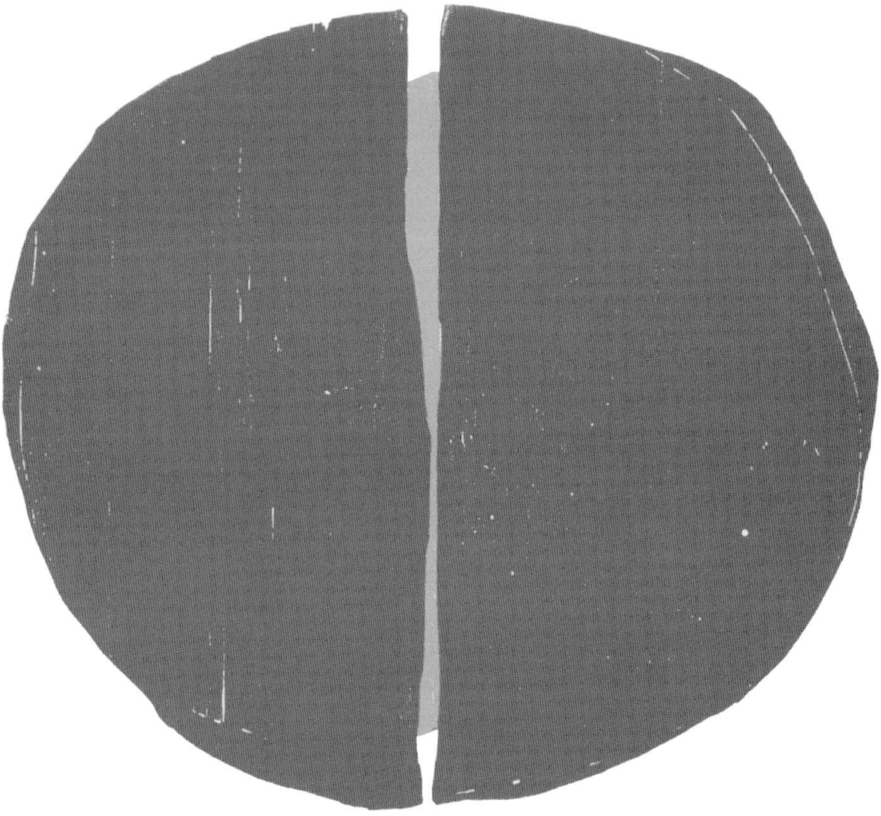

Konrad Schmid

Anleitung

1. Betrachte das Bild des Künstlers Konrad Schmid.

2. Es gibt Momente in unserem Leben, in denen wir nur noch „schwarz" sehen, in denen wir glauben, dass es keinen Ausweg mehr gibt: Schluss, Aus, Ende.
   So einen Moment hat auch Jesus erlebt, als er am Karfreitag ans Kreuz geschlagen wurde und starb.
   Wann siehst du „schwarz"? Wo glaubst du, dass es keinen Ausweg mehr gibt?

3. Aber das war nicht das Ende Jesu...
   Verändere das Bild durch Zerschneiden, neu zusammengestelltes Einkleben und durch farbiges Gestalten in dein Heft so, dass das Wort Jesu sichtbar wird:

„Ich bin das Licht der Welt. Wer mir nachfolgt, wird nicht in der Finsternis umhergehen, sondern wird das Licht des Lebens haben."

(Joh 8,12)

Wenn zu viel Schlechtes in der Welt geschieht

Herr,
unsere Erde ist nur ein kleines Gestirn
im großen Weltall.
An uns liegt es,
daraus einen Planeten zu machen,
dessen Geschöpfe...

Gib uns den Mut und die Voraussicht,
schon heute
mit diesem Werk zu beginnen, ...

Amen.

(Gotteslob 31,1)

Anleitung

1. Lies das unvollständige „Gebet der Vereinten Nationen".

2. Ergänze das Gebet mit Hilfe der Sätze/ Satzanfänge nach deiner Wahl und klebe oder schreibe sie an die entsprechende Stelle in den Text. Dabei ist das erste Kästchen der ersten Lücke und das zweite der zweiten Lücke im Gebet zugeordnet.

nicht von Hunger und Furcht gequält werden
nicht sinnlos getrennt sind, nach Rasse, Hautfarbe oder Weltanschauung
nicht von Kriegen gepeinigt werden
nicht zerissen sind
nicht...

damit unsere Kinder und Kindeskinder einst mit Stolz den Namen Mensch tragen.
damit die Menschen...
damit...

Wenn ich die Schnauze voll habe

Hans-Peter Eggerl, Passau 2004

Anleitung

1. *Information:* Auf dem Bild siehst du Elija, einen Propheten, der in der Wüste unter einem Ginsterstrauch sitzt. Er trat mit großer Leidenschaft für Gott ein, als ihn die Menschen zu vergessen begonnen haben. Von König Ahabs Frau Isebel wurde er bedroht und verfolgt. So floh er aus Angst ohne Wasser und Brot in die Wüste. Elija hatte so richtig die Schnauze voll. Er wollte nicht mehr leben.

2. Schreibe in das Bild, wovon du heute so richtig die Schnauze voll hast.

3. Elija starb nicht und bekam wieder neuen Lebensmut. Gott hat ihn nicht im Stich gelassen.
   Im Bild findest du eine Stelle, in welcher der Künstler Hans-Peter Eggerl zeichenhaft verdeutlicht, dass sich Gott um Menschen kümmert, die so richtig die Schnauze voll haben.
   Gestalte das Bild mit Farben so, dass deutlich wird: Gott lässt niemanden im Stich! Beginne dabei mit der beschriebenen Stelle!

Wenn ich „ausgepowert“ bin

Komm herab, o Heiliger Geist,
der die finstre Nacht zerreißt,
strahle Licht in diese Welt.

Ohne dein lebendig Wehn,
kann im Menschen nichts bestehn,
kann nichts heil sein noch gesund.

Was befleckt ist, wasche rein,
Dürrem gieße Leben ein,
heile du, wo Krankheit quält.

Wärme du, was kalt und hart,
löse, was in sich erstarrt,
lenke, was den Weg verfehlt.

Gib dem Volk, das dir vertraut,
das auf deine Hilfe baut,
deine Gaben zum Geleit.

Lass es in der Zeit bestehn,
deines Heils Vollendung sehn
und der Freuden Ewigkeit.

Amen. Halleluja.

Anleitung

1. Sechs Schüler/-innen aus eurer Klasse lesen je eine Strophe der Pfingstsequenz vor.
2. Du darfst eine Zeile (Wort, Ausdruck) laut vorlesen, die dich heute besonders anspricht.
   Nach jeweils fünf Schülern/-innen stimmen alle ein: Amen. Halleluja.

Wenn ich die Flinte ins Korn werfen will

Herr, heute suche ich Zuflucht bei dir.
Ich bin nahe daran aufzugeben.
Wende dein Ohr mir zu und höre auf mich!

____

Du bist für mich wie eine sichere Burg.
Du wirst an meiner Seite sein.
Du richtest Niedergeschlagene auf.
Du hast mich nicht aus den Augen verloren.
Dir vertraue ich ganz,
du bist mein guter Gott.
Ich setze meine Hoffnung auf dich, Gott,
solange ich atme.

Darum ______________________________________

____

____

Anleitung

1. So betet jemand, dem es geht wie dir.
   Fülle die Leerzeilen mit deinen Gedanken.
2. Suche für die drei Abschnitte des Gebetes jeweils Symbole und zeichne sie mit entsprechenden Farben in die danebenstehenden Kästchen.

Wenn ich keinen Ausweg mehr weiß

Hans-Peter Eggerl, Passau 2004

Anleitung

1. Auf dem Bild links erkennst du, warum die Not groß ist.
2. Schau in die von Angst gezeichneten Gesichter der drei verängstigten Gestalten.
   Was sie denken:

3. Nur einer schläft ruhig. Jesus.
   Du bist einer der drei von Angst gequälten Menschen im Boot.
   Welche Frage würdest du Jesus stellen?

4. Jesus steht auf und sagt: Was habt ihr solche Angst. Ich bin doch bei euch.
5. Benenne Jesus deine Not.
   Sage ihm, was dir Angst macht, in welcher Sache du dich nicht mehr hinaussiehst.
   Höre hin, was er dir sagt:

Wenn mir etwas gewaltig stinkt

Es reicht.
Was bilden sich die Leute eigentlich ein?
Was ist eigentlich los?
Wieder mal Stress pur!
Es stinkt mir gewaltig,

dass ________________________________

____

____

Klasse, jetzt bin ich durcheinander,
aus dem Konzept gebracht.
Verärgert.

Ich fühle mich ________________________________.
Ich könnte aus der Haut fahren.
Der Tag ist gelaufen.
Ende der Durchsage.

Anleitung

1. Lies den Text in Ruhe.
2. Ergänze den Text so, so dass er für dich passt.
3. Lies folgenden Satz aus der Heiligen Schrift:

„Bei Gott allein kommt meine Seele zur Ruhe,
von ihm kommt mir Hilfe.
Nur er ist mein Fels, meine Hilfe, meine Burg;
darum werde ich nicht wanken."

(Ps 62,2f.)

Streiche den obigen Text mit diesem Satz oder Satzteilen aus der Bibel durch, in dem du ihn mit Farbe quer über den Text schreibst.

Wenn ich viel zu „schlucken“ habe

Jesus sagt: Der Vater im Himmel weiß, was du brauchst! Mt 6,32	Jesus sagt: Was habt ihr solche Angst? Ich bin doch bei euch. Mt 8,26
Gott, der Herr wird abwischen die Tränen von jedem Gesicht. Jes 25,8	Fürchte dich nicht, denn ich bin mit dir. Hab keine Angst, denn ich bin dein Gott. Jes 41,10
Muss ich auch wandern in finsterer Schlucht. Ich fürchte kein Unheil. Du bist bei mir. Ps 23,4	Der Herr schickt seine Engel, mich zu behüten auf all meinen Wegen. Ps 91,11

Anleitung

1. Überlege, was dir alles zu schaffen macht.
2. Aus verschiedenen Stellen der Bibel sind diese Trost- und Hoffnungssätze entnommen.
   Suche denjenigen, der dich am meisten anspricht.
3. Schreibe den gewählten Hoffnungssatz in die Leerzeilen und führe ihn mit deinen Gedanken weiter.

Wenn ich mir jemanden wünsche, der nicht mit meinen Gefühlen spielt

Herr, ich wünsche mir so sehr einen Menschen,
der mich versteht und dem ich alles sagen kann.
Ich wünsche mir einen Menschen, der mich aufrichtig liebt.
Lass mich jemanden finden,
der nicht nur mit mir und meinen Gefühlen spielt.
Lass mich jemanden finden, der mein Herz sucht und ehrlich zu mir ist.
Lass mich jemanden finden, der Geduld mit mir hat
und auf mich wartet.
Lass mich jemanden finden,
der mich glücklich macht
und mich nicht arm und zerstört zurück lässt.
Hilf mir, Liebe zu finden, in der Kraft und Treue ist,
wie in der Liebe, mit der du uns liebst.

nach Gotteslob 24,1

Anleitung

1. Lies das Gebet in Ruhe.
2. Gestalte mit Hilfe von Teilen aus dem Gebet, die dich ansprechen, und Farben ein „Bild des wirklichen Glücks und der wahren Liebe“ in den Rahmen.

Wenn ich im „Funkloch“ Einsamkeit sitze

Massen von Leute kenne ich,
- na ja vielleicht sind's ein paar weniger -
und doch ist keiner da - so wirklich da, mein' ich.
An diesen besonderen Tagen,
wenn ich nicht allein sein kann,
wenn mich der Fernseher nervt und das Handy blöd anlacht:
Niemand da!
Setzen - Note sechs, kann ich da nur sagen.
Das Telefon bleibt stumm.
Keine SMS!
Funkloch.
Ich bräuchte jemanden,
der zuhört und mich versteht,
dem ich meinen Stress erzählen kann,
an dem ich mich anlehnen kann,
der sagt: Mach' dir nichts draus!
Und manchmal...
... manchmal jemanden der mich in den Arm nimmt.

Hey Du, hör' gut zu, was Gott sagt:
„Weil du in meinen Augen teuer und wertvoll bist
und weil ich dich liebe,
gebe ich für dich ganze Länder
und für dein Leben ganze Völker."
(Jes 43,4)

Anleitung

1. Lies die beiden Texte in Ruhe.
2. Suche dir aus jedem der beiden Textteile ein Wort/ Ausdruck, der stellvertretend für diesen Text steht. Gestalte anschließend für jeden Textteil ein Schreibbild in eines der Kästchen.
3. Gestalte mit Farben eine Verbindung zwischen den Schreibbildern, so dass ein Bild entsteht.

Wenn in meinem Leben etwas zerbrochen ist

Zerbrochen

Mit einer Axt gespalten

Getrennt

Anleitung

1. Suche weitere passende Worte und schreibe sie auf die Zeilen.
2. Gestalte das, was in deinem Leben zerbrochen ist, in Formen und Farben in den Rahmen.
3. Gott hört dir zu: Sage ihm in deinen Gedanken, was dich jetzt bewegt.

Wenn es Zoff gegeben hat

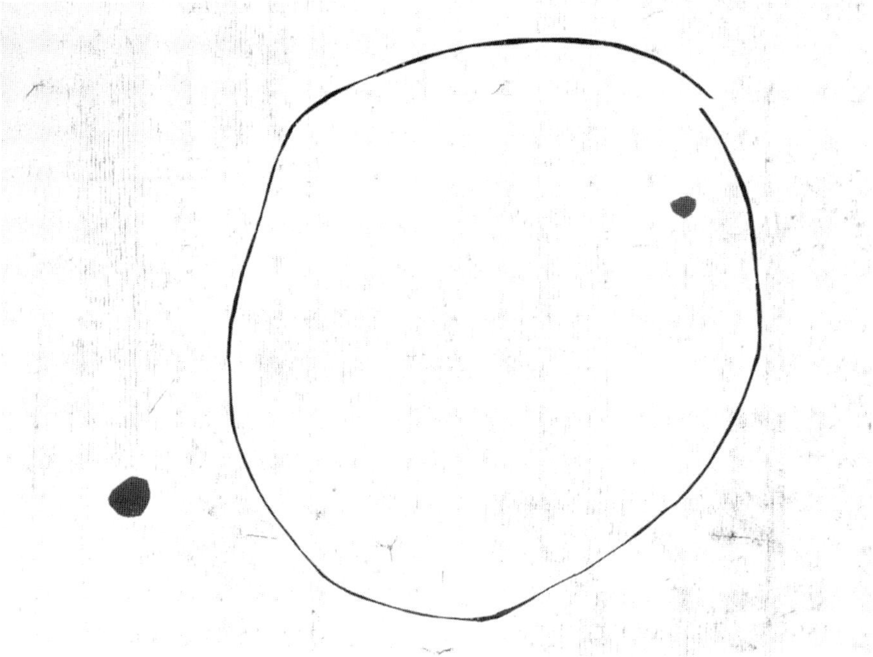

Konrad Schmid

Guter Gott, es hat Ärger gegeben mit ______________________.

Ich bitte dich heute ______________________________

____.

Anleitung

1. Betrachte das Bild des Künstlers Konrad Schmid.
2. Drücke den „Zoff", den Streit, den du erlebt hast, mit Farben und Formen im Bild aus.
3. Ergänze die Gebetssätze unter dem Bild so, dass sie zu deinem „Zoff" passen.

Wenn sich meine Eltern streiten

Anleitung

1. Suche weitere Worte und schreibe sie in die gezackten Felder.
2. Gestalte deine Gedanken und Gefühle in dem Fotorahmen.
3. Gott hört dir zu.
   Teile ihm deine Gedanken und Ängste mit.

Wenn sich meine Eltern trennen, ...

... frage ich mich, ob ich mit Schuld habe.

... habe ich Angst davor, wie es weiter geht.

... werden dann meine Noten schlechter?

... wo kommen dann meine Geschwister hin?

... ____

Anleitung

1. Wähle ein Wort, das für deine Situation genau passt und gestalte es im Rahmen.
2. Zeichne dich selbst dazu.
3. Zeichne ein Symbol für Gott dazu.
4. Führe fort:
   „Herr, wenn ich dieses Bild so sehe, dann ...

   ____

   ____

Wenn jemand so richtig niedergemacht wurde

Heute ist jemand wieder so richtig niedergemacht worden.
Mit allem Drum und Dran. Geil.
Der hat schon die ganze Zeit ausgeteilt,
mit Beleidigungen und Beschimpfungen.
Man kann sich schließlich nicht alles gefallen lassen.
Mit einer solchen Attacke hat er wohl nicht gerechnet.
Volltreffer!
Selbst schuld. Das ist völlig okay.
Was muss der sich auch immer so aufführen.
Auge um Auge, Zahn um Zahn heißt es doch.

Und Jesus sagt:
Wenn dich einer
auf die rechte Wange schlägt,
halte ihm auch die andere hin.
Das ist doch purer Wahnsinn! Oder?

Anleitung

1. Lies den Text in Ruhe.
2. Drücke das Gefühl des ersten Textteiles mit Farben in einem der Rahmen aus.
3. Drücke das Gefühl des Jesus-Wortes mit Farben im anderen Rahmen aus.
4. Gestalte mit Farben und/ oder Worten eine Verbindung der beiden Kästchen, so dass <u>ein</u> Bild entsteht.

Wenn ich von Feinden umzingelt bin

Der Feind verfolgt mich, tritt mein Leben zu Boden, er lässt mich in der Finsternis wohnen wie längst Verstorbene.
(Ps 143, 3)

Anleitung

1. Lies den obenstehenden Vers aus dem Buch der Psalmen.
2. Was ist für dich wie ein Feind? Wer oder was bedrängt und verfolgt dich? Schreibe deine Gedanken in den Rahmen.
3. Das ist jedoch nicht der einzige Satz, den dieser Mensch betet. Er will Gott noch mehr sagen.
   Wähle aus den folgenden weiteren Versen dieses Psalms 143 einen aus und gestalte ihn mit einer anderen Farbe im Rahmen.

- Herr, erhöre mich bald, denn mein Geist wird müde; verbirg dein Antlitz nicht vor mir.
  (Ps 143, 7)

- Zeig mir den Weg, den ich gehen soll; denn ich erhebe meine Seele zu dir.
  (Ps 143, 8b)

- Herr, entreiß mich den Feinden! Zu dir nehme ich meine Zuflucht.
  (Ps 143, 9)

- Lehre mich, deinen Willen zu tun; denn du bist mein Gott. Dein guter Geist leite mich auf ebenem Pfad.
  (Ps 143, 10)

- Um deines Namens willen, Herr, erhalte mich am Leben, führe mich aus der Not in deiner Gerechtigkeit!
  (Ps 143, 11)

Wenn ich Bock habe, etwas kaputt zu schlagen

Diana Bensch, Burghausen 2004

Anleitung

1. Du kannst deine Wut am Bild auslassen und es zerreißen.

2. Nimm die Einzelteile des Bildes und klebe sie so in dein Heft, wie du möchtest.

3. Schreibe folgenden Zeilen unter das zerstörte Bild und ergänze sie so, dass sie für dich passen. Du kannst auch Farben verwenden.

Gott,
heute habe ich Lust
irgendetwas kaputt zu schlagen,
weil ...

Jetzt
stehe ich
vor dem Scherbenhaufen
und bitte dich,
dass du...

Wenn jemand einfach ausgeschlossen wird

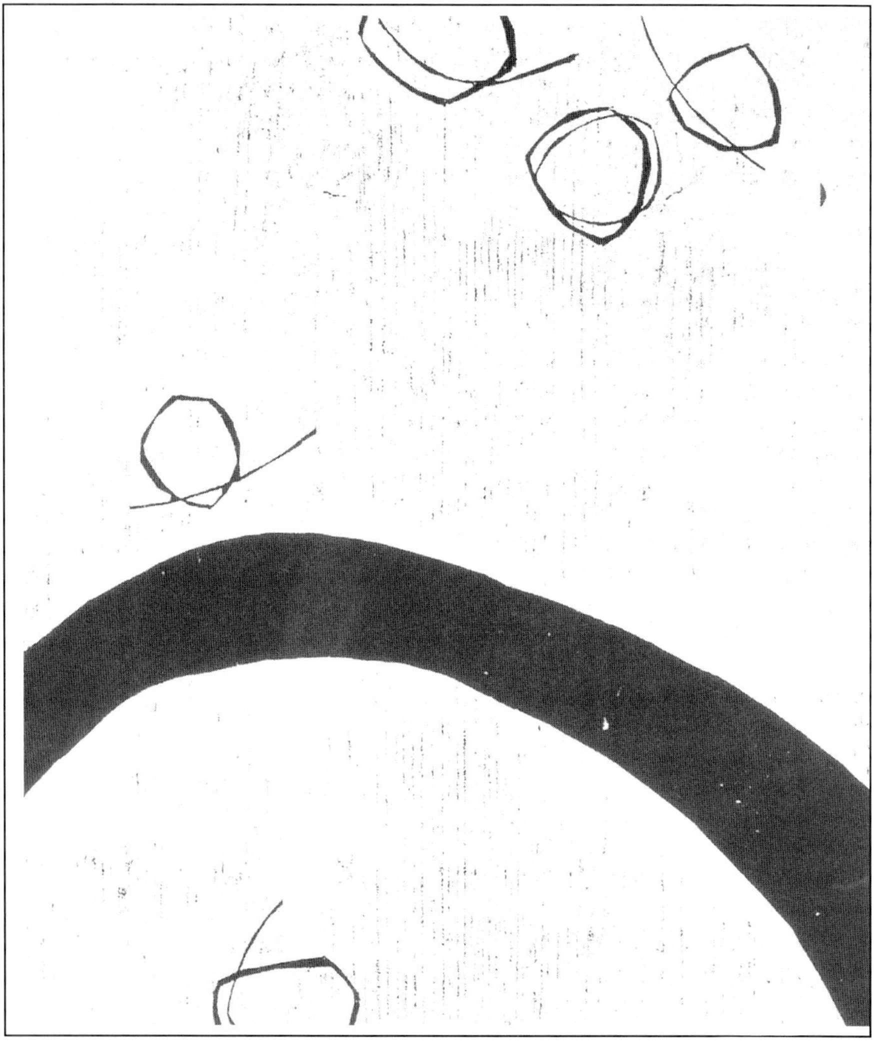

Konrad Schmid

Anleitung

1. Betrachte das Bild des Künstlers Konrad Schmid.
2. Wo bist du in dem Bild zu finden? Markiere einen Ort im Bild, der zu dir passt.
3. Welche Personen gehören für dich unbedingt noch ins Bild? Markiere auch hier jeweils einen Ort und schreibe die Namen der Personen dazu.
4. Jesus stand immer auf der Seite derjenigen, die ausgeschlossen waren. Lies dazu die folgenden Seligpreisungen aus dem Lukasevangelium. Wähle Satzteile oder Worte aus und gestalte sie im Bild an einem für dich passenden Ort.

Selig, ihr Armen,

denn euch gehört das Reich Gottes.

Selig, die ihr jetzt hungert,

denn ihr werdet satt werden.

Selig, die ihr jetzt weint,

denn ihr werdet lachen.

Selig seid ihr,

wenn euch die Menschen hassen

und aus ihrer Gemeinschaft ausschließen,

wenn sie euch beschimpfen und euch in Verruf bringen

um des Menschensohnes willen.

Freut euch und jauchzt an jenem Tag;

euer Lohn im Himmel wird groß sein.

(Lk 6,20-23)

Wenn ich wieder mal an allem schuld bin

Sag ja zu mir, wenn alles nein sagt,
weil ich so vieles falsch gemacht.
Wenn Menschen nicht verzeihen können,
nimm du mich an trotz aller Schuld.

Denn wenn du ja sagst, kann ich leben;
stehst du zu mir, dann kann ich gehn,
dann kann ich neue Lieder singen
und selbst ein Lied für andre sein.

Zu viele sehen nur das Böse
und nicht das Gute, das geschieht.
Auch das Geringste, das wir geben,
es zählt bei dir, du machst es groß.

Tu meinen Mund auf, dich zu loben,
und gib mir deinen neuen Geist.

Diethard Zils

Anleitung

1. Lies den Text in Ruhe.
2. Gestalte Wörter, Ausdrücke, Satzteile, die dich heute ansprechen, mit Farben in den Rahmen.
3. Jeder Schüler/jede Schülerin darf reihum ein Wort/ einen Ausdruck aus seinem Rahmen vorlesen.

Wenn alle gegen mich sind

Alle wollen etwas von mir.
In aller Frühe geht es los:

Da sind Geschwister, Eltern, Lehrer, Klassenkameraden, __________

Das sind sie,
die mir etwas zu sagen haben,
die mich etwas fragen müssen,
die etwas von mir haben wollen.

Und da bin ich.
Mit meiner schlechten Laune.

Mit meiner Gereiztheit, mit meiner ____________________________
und auch mit meinen Wünschen:

____

____

Und dann bist du da, mein Gott.
Du , von dem ich wissen müsste,
dass du einer bist, der mit mir Pläne hat,
die mir Zukunft und Hoffnung geben.
Dass du einer bist, der mich beschirmt
und mir Schutz gibt.
Dass du einer bist, der mich behütet und der nicht schläft.

Und mir fällt es so schwer, all das zu glauben und dich so anzunehmen.

Anleitung

Ergänze die Leerzeilen so, dass sie für dich heute passen.

Wenn mich die Ungerechtigkeiten in der Welt herausfordern

Wie, Gott, soll ich verstehen, dass

... die einen hungern und die anderen im Überfluss leben
... die einen unschuldig im Straßenverkehr sterben müssen und die anderen gesund durchs Leben kommen
... Menschen jahrelang von schlimmen Krankheiten geplagt werden
... den einen alles in den Schoß fällt und die anderen nicht hochkommen
... die einen durch Naturgewalten wie Erdbeben umkommen und die anderen verschont bleiben
... so viele Menschen blinder Gewalt ausgeliefert sind

... ______________________________

... ______________________________

... ______________________________

... ______________________________

Anleitung

1. Lies dir den Text durch und fülle dann mit deinen Gedanken die Leerzeilen.
2. Du kannst vor Gott klagen und dein Unverständnis bekunden.
3. Kann folgende Aussage aus dem Ersten Testament etwas zur persönlichen Klärung beitragen?

> Ein Engel erinnert dich daran,
> dass du vieles nicht begreifen kannst.
> Und dass du trotzdem geborgen und behütet bist.

Wenn mir die Ungerechtigkeit mächtig „auf den Keks geht“

Amos lebte als Schafhirte im 8. Jahrhundert vor Christus in der Stadt Tekoa, südlich von Jerusalem. In dieser Zeit befand sich Israel in einer wirtschaftlichen Blüte. Wenn Amos in die Stadt kam, um die Wolle seiner Schafe zu verkaufen, sah er, in welchem Luxus die vornehmen Leute lebten – auf Kosten der anderen. Diese Ungerechtigkeit ging ihm mächtig „auf den Keks“. Gott beauftragte ihn, mutig dagegen aufzutreten. So rief er immer wieder:

Sie verkaufen Unschuldige für Geld
und den Armen für ein Paar Sandalen!
Sie treten den Kleinen in den Staub!
Die Rechte der Schwachen schlagen sie zu Boden!
Sie sammeln Schätze in ihren Palästen mit Gewalt und Unterdrückung!

(Am 2,6.7; 3,10; 5,7)

Anleitung

1. Lies den Text in Ruhe.
2. Fahre die Buchstaben der Ungerechtigkeit farbig nach, die dir am meisten „auf den Keks“ geht.
3. Auch du kennst Ungerechtigkeiten in deinem Leben, die dir mächtig „auf den Keks gehen“. Schreibe sie in den Rahmen.
4. Hab’ den Mut und sage dem Menschen, an den du denkst, in einem guten Umgangston, dass er ungerecht gehandelt hat.

Wenn ich zum Frieden beitragen will

Leid

Finsternis

Unrecht

Freude

Helligkeit

Ohnmacht

Zuversicht

Liebe

Traurigkeit

Trost

Versöhnung

Licht

Angst

Hass

Streit

Vergebung

Hilfe

Mutlosigkeit

Anleitung

1. Markiere alle Hoffnungsworte farbig.
2. Bringe die „Hoffnungs-" und „Leidworte" in Zusammenhang nach dem folgenden Muster.
   Gott, hilf mir, Trost zu geben, wo Leid herrscht,

   ____

   ____

   ____

   ____

   ____

3. Was jetzt gerade wichtig ist, hebe besonders hervor.

Wenn Gott ruhig wissen soll, wie ich heute „drauf“ bin

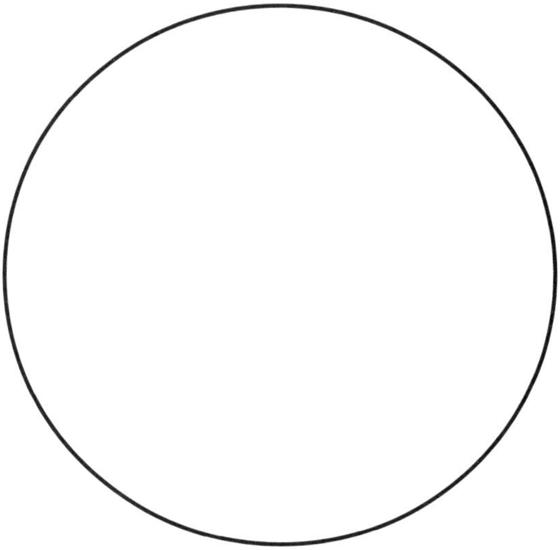

Anleitung

1. Ergänze den begonnenen „Smilie“ (auf Folienstreifen) so, dass er heute deine Stimmung ausdrückt.
2. Schreibe auf die Zeile darunter ein Eigenschaftswort, das deine Stimmung verdeutlicht.
3. Du darfst deinen „Smilie“ auf den Overhead-Projektor legen (oder: an eine Pinnwand heften, auf ein Plakat kleben).

Die Lehrkraft beginnt mit dem Kreuzzeichen, dann z.B.:

Gott wir kommen heute zu dir mit unseren unterschiedlichen Stimmungen und Launen. Sei du bei uns in Freude und Lachen, in Trauer, Schmerz und Wut. Darum bitten wir durch Christus, unseren Herrn. Amen.

Wenn Gott eine Ehrenurkunde verdient hat

Ehrenurkunde

für

____

auch genannt: ___________________________

Die Urkunde wird verliehen für hervorragende Leistungen

im Bereich ____________________________ .

Erklärung: ____

____

____

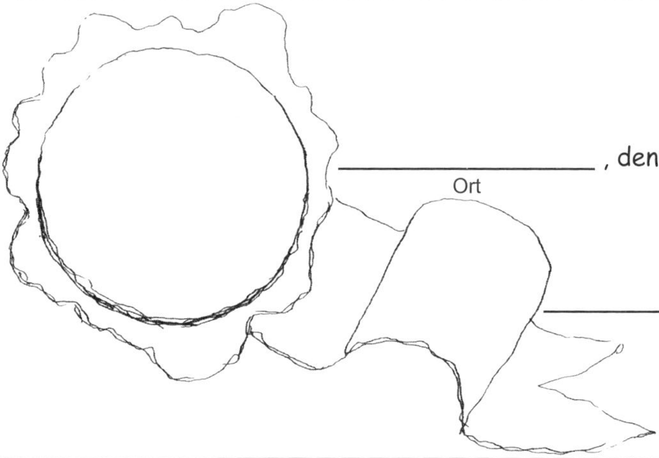

_________________ , den _____________

Ort   Datum

____

Unterschrift

Diana Bensch, Burghausen 2004

Anleitung

1. Fülle die Ehrenurkunde aus und erkläre in ein bis zwei Sätzen, für welche besondere Leistung du Gott diese Urkunde verleihst.
2. Unterschreibe die Urkunde und ergänze das Siegel zu einem persönlichen Zeichen für dich.

Wenn ich Gott erahne

Ich glaube an Gott,
den Vater, den Allmächtigen,
den Schöpfer des Himmels und der Erde,
und an Jesus Christus,
seinen eingeborenen Sohn unseren Herrn,
empfangen durch den Heiligen Geist,
geboren von der Jungfrau Maria,
gelitten unter Pontius Pilatus,
gekreuzigt, gestorben und begraben,
hinabgestiegen in das Reich des Todes,
am dritten Tage auferstanden von den Toten,
aufgefahren in den Himmel;
er sitzt zur Rechten Gottes, des allmächtigen Vaters;
von dort wird er kommen,
zu richten die Lebenden und die Toten.
Ich glaube an den Heiligen Geist,
die heilige katholische Kirche,
Gemeinschaft der Heiligen,
Vergebung der Sünden,
Auferstehung der Toten und das ewige Leben. Amen.

Anleitung

1. Reihum liest jeder Schüler/jede Schülerin eine Zeile des Glaubensbekenntnisses vor.
2. Gestalte im Heft dein Glaubensbekenntnis. Du kannst dabei Teile des Glaubensbekenntnisses ausschneiden und einkleben, aber auch eigene Worte verwenden.
3. Probiere dein Glaubensbekenntnis aus: Sprich in Gedanken dein Gebet. Lass dir dabei Zeit!

Wenn ich gerne wissen würde, wie Gott ist

Mein Gott, ich kann dich gar nicht sehen.

Bist du ein Haus aus dicken Steinen
mit Fenster und mit einem Dach?
Gibst du den Großen und den Kleinen
stets ein Zuhause Tag und Nacht?
Bist du ein Licht mit bunten Strahlen,
das meinen dunklen Weg erhellt?
Bist du ein Schiff mit starken Masten,
das auch im größten Sturm nicht sinkt?
Bist du ein Lied, das alle singen,
weil seine Melodie so schön?
Bist du ein Freund, dem ich vertraue
und dem ich alles sagen kann?

Mein Gott, ...
Text: Reinhard Bäcker
Musik: Detlev Jöcker
Aus: Viele kleine Leute

Bist du ____

____

Bist du ____

____

Anleitung

1. Welche Frage an Gott kommt dir am nächsten? Rahme ein.
2. Versuche selbst, in ähnlicher Form wie die angegebenen Verse, zwei Fragen an Gott zu stellen.
3. Versuche weiterzuführen:
   Wenn Gott eine Farbe wäre, dann wäre er ____________________

   ____

   Wenn ich für Gott ein Zeichen finden müsste, dann würde ich ihn darstellen als ____________________________________

Wenn ich mit Gott ein „Schwätzchen“ halte

Schon ein Gebet?

Lieber Gott, ich hab'ne Frage:
Wenn ich dir jetzt etwas sage,
einfach so und halb verdreht –
ist das dann schon ein Gebet?

Muss ich erst die Hände falten,
mich an irgendetwas halten,
oder hörst du einfach zu,
weil ich ich bin und du du?

Auf der ganzen Erde wohnen
Menschen, viele -zig Millionen;
hörst du einen jeden raus,
oder – wählst du aus?

Quelle unbekannt

Anleitung

1. Einem Menschen kommen die oben genannten Fragen zum Beten. Er will Antworten darauf haben.
2. Welche Fragen zum Beten kommen bei dir auf? Schreibe auf die Leerzeilen.
3. In der Bibel lesen wir:

Gott ist einer, der zuhört. Er lässt uns sagen:
- Ich bin für die Menschen da.
- Ich habe dich in meine Hand geschrieben.

Wenn ich bei Gott auf ein „Hallo“ vorbeischaue

1. „ Begrüße“ Gott so, wie du möchtest.

2. Schreibe in einem Satz auf, wie es dir gerade geht.

3. Gibt es etwas, wofür du Gott danken möchtest?
Schreibe es auf.

4. Hast du eine Bitte, die du an Gott richten willst?
Notiere sie.

5. Bitte auch für andere Menschen, die dir am Herzen liegen.

Amen.

Anleitung

Fülle die freien Zeilen mit Worten, die für dich ganz persönlich am besten passen.

Wenn ich Jesus begegnen will

Hans-Peter Eggerl, Passau 2004

Anleitung

1. Geh auf Entdeckungsreise durch das Bild.
2. Zeichne das Bild mit dem Finger auf die Bank bzw. in deine linke Hand.
3. Was sagt das Mädchen gerade zu Jesus?

   Jesus, stell dir vor ______________________________

   Jesus, weißt du, dass ______________________________

   Ich verstehe nicht, dass ______________________________

4. Was gibt dir Jesus zur Antwort, wenn du die Satzanfänge unter 3. verwendest? Höre genau hin. Trage vor dem Komma deinen Vornamen ein.

   _______________, ______________________________

   ____

   ____

   ____

5. Stelle du dich Jesus vor.

   Was willst du fragen? ______________________________

   Was willst du erbitten? ______________________________

   Was beschäftigt dich? ______________________________

   Was musst du ihm unbedingt sagen? ____________________

   ____

Wenn es Zeit wird, Gott mal eine Frage zu stellen

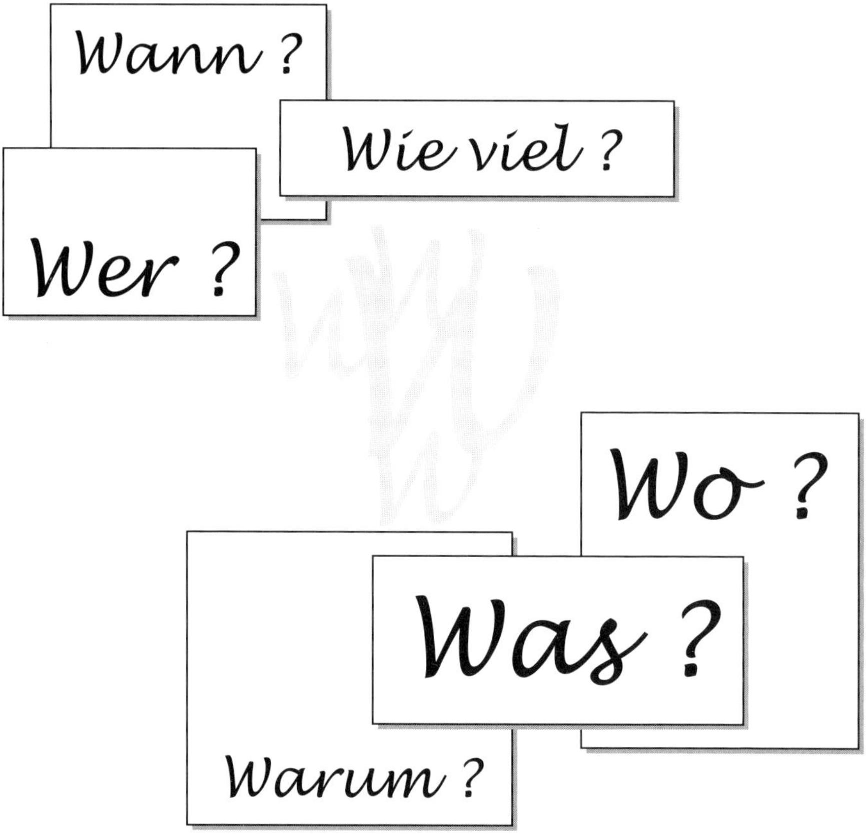

Anleitung

1. Wenn du die Möglichkeit hättest, Gott eine Frage zu stellen, wie würde sie lauten?
   Überlege dir eine Frage und gestalte sie auf eine ganze Seite in deinem Heft!
2. Du darfst deine Frage in der Klasse auch vorlesen.

Wenn ich Fragen an Gott habe

Du, Gott! Ich muss dich mal was fragen:

Wie schaust du aus?

Wie schaut es oben im Himmel aus?

Wie hast du die Welt erschaffen?

Wer ist zuerst auf die Welt gekommen?

Wie groß bist du eigentlich?

Wie hast du die Menschen erschaffen?

Wer bist du überhaupt?

Was machst du denn immer?

Warum lässt du dich nie sehen?

____

____

____

Anleitung

1. Welche Fragen treffen für dich zu? Kreuze an.
2. Welche weiteren Fragen hast du? Schreibe in die Leerzeilen.
3. Lies dir noch einmal die angebotenen und neuen Fragen durch.

Gott hört dir zu.

Wenn mich Gott öffnen soll

Herr,
öffne meine Augen,

____

öffne meinen Mund,

____

öffne meine Ohren,

____

öffne meine Hände,

____

öffne mein Herz,

____

treibe meine Füße an,

____

Anleitung

Führe die Zeilen weiter mit damit, wenn, weil oder denn.

Wenn wir mit Jesus beten

1 Vater unser im Himmel.

2 Geheiligt werde dein Name.

3 Dein Reich komme.

4 Dein Wille geschehe, wie im
Himmel so auf Erden.

5 Unser tägliches Brot gib uns heute.

6 Und vergib uns unsere Schuld,
wie auch wir vergeben unseren
Schuldigern.

7 Und führe uns nicht in Versuchung.

8 Sondern erlöse uns von dem Bösen.

9 Denn dein ist das Reich und
die Kraft und die Herrlichkeit
in Ewigkeit. Amen.

Anleitung

1. Kennzeichne in jedem der neun Vaterunser-Rufe ein ausgewähltes Wort.
2. Ordne den einzelnen Rufen am linken Rand Farben zu. (Regenbogenfarben: Gott schließt sich mit dir zusammen.)
3. Wähle einzelne Rufe aus und zeichne am rechten Rand dazu Symbole.
4. Suche eine passende Geste für einen Ruf.
5. Sprecht langsam das Gebet mit deutlichen Pausen zwischen den einzelnen Rufen.

Wenn Jesus mich anschaut

Rembrandt

Anleitung

1. Lass dieses Bild von Jesus auf dich wirken.
2. Du bist Jesus wichtig. Er interessiert sich für dich. Er schaut auf dich und hört zu, was du alles vor ihn bringst. Schreibe um das Bild in Stichpunkten.

3. Er hört auf das, was dich quält: „Jesus, ich verstehe nicht, ____________

____

4. Höre genau hin, was er dir antwortet: ______________________________

____

5. Dann stellt Jesus dir eine ganz persönliche Frage:

____

Wenn ich nicht(s) mehr glauben kann

Wo bist du?
Gott.
Leute erzählen mir, dass du da bist.
Ganz schön lächerlich.
Wo?
Wann?
Wie?
Ich sehe dich nicht –
ich spüre dich nicht –,
wie soll ich da glauben?

Zur Zeit denke ich über dich, dass ______________________________

____

____

Gott, wenn es dich wirklich gibt, warum ___________________________

____

____

Gott, wenn es dich wirklich gibt, dann ____________________________

____

____

Anleitung

1. Lies den Text in Ruhe.
2. Ergänze die Satzanfänge am Ende des Textes mit deinen Gedanken und Worten.
3. Du kannst einen deiner Sätze in der Klasse laut vorlesen.

Wenn ich nicht mehr brav alles glauben will

So wird in der Kirche gebetet:
Ich glaube an Gott, den Vater, den Allmächtigen,
den Schöpfer des Himmels und der Erde.
Und an Jesus Christus...

Ich kann das nicht so einfach glauben.

Ich kann dir - Gott - ja mal sagen,
was ich so glaube:
Ich glaube, dass das Weltall mit einem riesigen Schlag entstanden ist,
dem Urknall nämlich,
und nicht diese „Adam-und-Eva-Geschichte".

Ich glaube, dass es Menschen gibt,
die es ehrlich meinen
und mich nicht auf den Arm nehmen.

Ich glaube, ____

____

Ich glaube, ____

____

Anleitung

1. Lies den Text in Ruhe.
2. An was glaubst du wirklich? Ergänze den Text.
3. Tauscht euch darüber aus, was ihr wirklich glaubt!

Wenn die Welt Träume braucht

„I have a dream", so begann Martin Luther King (1929-1968) seine berühmte Rede. Er setzte sich sein ganzes Leben gewaltlos für die Gleichberechtigung von Farbigen und Weißen ein. Dafür erhielt er 1964 den Friedensnobelpreis.

Sein Traum für die Welt:

...dass jeder Mensch aufgrund seines Charakters und nicht seiner Hautfarbe beurteilt wird.

...dass jeder Mensch die Würde und den Wert jedes Menschen achtet.

...dass eines Tages der Krieg ein Ende nehmen wird...

Diana Bensch
Burghausen 2004

Anleitung

1. Schreibe deine Träume, die du für die Welt hast, in die Wolken!
2. Nimm dir eine Minute Zeit und sage deine Träume leise Gott. Schicke deine guten Gedanken hinaus in die Welt.

Wenn ich von einer anderen Welt träume

Davon träume ich:
Alle Schlagbäume fallen.
Alle Wege sind offen.
Die Hände der Armen sind mit Brot gefüllt.
Die Hände der Reichen geben in Fülle.
Mauern fallen.
Geschosse werden im Flug gestoppt.
Tränen werden abgetrocknet.
In der Wüste brechen Bäche hervor.

____

____

____

In der Bibel wird auch von einer solchen Welt geträumt, in der für Gott Platz gemacht wird:

> Wer traurig ist, wird wieder froh.
> Aus Weinen wird Lachen.
> Schwerter werden zu Pflugscharen.

Wenn diese Träume wahr werden, dann ____________________

____

____

Anleitung

1. Träume in den ersten Leerzeilen oben weiter.
2. Schreibe unten weiter „Wenn diese Träume wahr werden, dann ...“

Wenn ich auf eine himmlische Nachricht warte

Die Wellen
spülten sie
in stiller Nacht
an Land:
Die gute Nachricht
kommt geheimnisvoll
in diese Welt.
Wer finden und begreifen will
erkennt den Gruß der Engel.

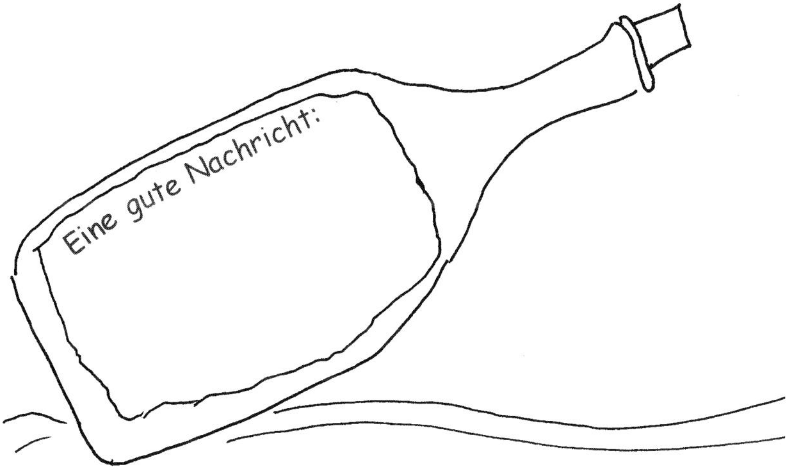

Anleitung

1. Lies den Text.
2. Stell dir vor, du erhältst eine Flaschenpost mit einer für dich guten Nachricht.
3. Welche gute Nachricht enthält die Flaschenpost? Schreibe sie in die Flasche.

Wenn ich ganz woanders sein möchte

Es ist Sommer.
Ich liege im Gras und schaue in den Himmel.
Weiße Wolken ziehen über mich hinweg.
Woher kommen sie?
Wohin gehen sie?
Ich liege im Gras und träume.

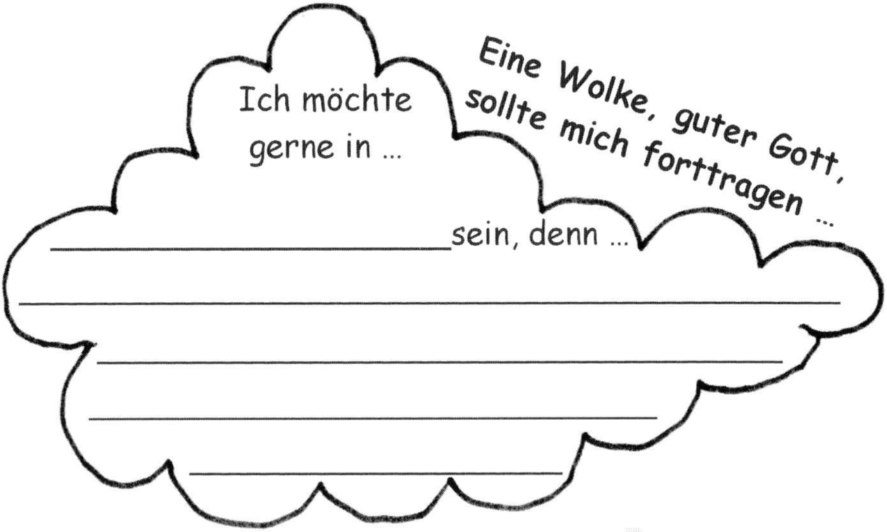

Anleitung

1. Lies den Text.
2. Schreibe auf, wo du jetzt gerne sein möchtest – und warum.

Wenn ich meine Wünsche zum Himmel schicke

Wünsche schicken wir wie Sterne
zum Himmel hoch in weite Ferne.

Dass Friede wird und Friede bleibt,
dass Hoffnung keimt und Blüten treibt.

Dass Hilfe kommt und Armut flieht,
dass Freundschaft hält und Mut einzieht.

Dass Freude wächst und Zuversicht,
dass Lachen siegt und Schweigen bricht.

Eckart Bücken

Dass ________________ kommt und ________________ flieht

Dass ________________ hält und ________________ einzieht

Dass ____

Dass ____

Anleitung

1. Welche Wünsche magst du zum Himmel schicken?
   Fülle die Lücken.
2. Die beiden letzten Leerzeilen:
   Schreibe zwei gute Wünsche, die dir noch wichtig sind.

Wenn die Welt neu werden soll

Wir wollen alle erleben, was in der Bibel angekündigt wird:

Ich will erleben,

- wie Gottes Zelt bei den Menschen ist und er bei ihnen weilt.
- wie Wolf und Lamm einträchtig weiden.
  und der Löwe Stroh frisst wie ein Stier.
- wie kein Schaden gestiftet wird noch irgendwie ein Verbrechen geschieht.
- wie Gott Kriege aufhören lässt.
- wie Menschen Schwerter zu Pflugscharen schmieden.

- wie Gott jede Träne von ihren Augen abwischt
  und der Tod nicht mehr ist.
- dass weder Trauer noch Schmerz mehr sind.
- wie die Augen der Blinden geöffnet werden.
- wie die Ohren der Tauben aufgetan werden.
- wie der Lahme klettert wie ein Hirsch und der Stumme jubelt.

- wie sie nicht mehr hungern und nicht mehr dürsten.
- wie die Sanftmütigen die Erde besitzen.

Anleitung

1. Suche für eine Person auf den nebenstehenden Bildern einen zutreffenden Satz aus dem Text. Schreibe ihn unter die Bilder.
2. Füge weitere eigene Zeilen dazu.
   Du kannst beginnen mit „Ich will erleben, ...“.
3. Rahme das Bild mit der ausgewählten Person ein.

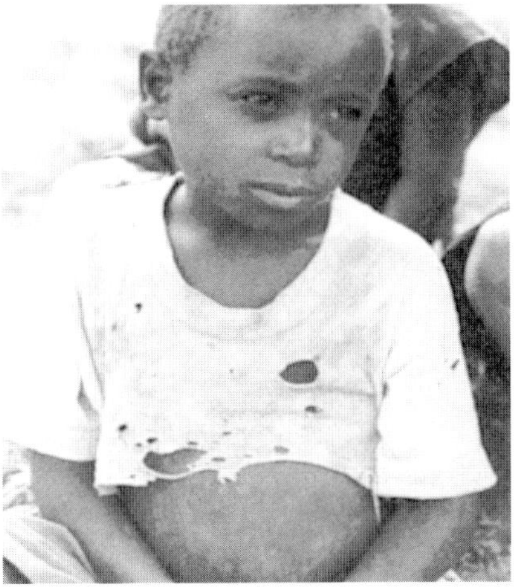
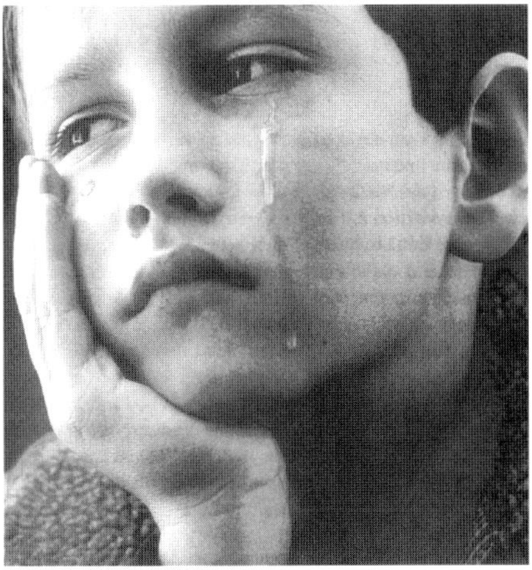

1. ____

____

2. Ich will erleben, ______________________________

____

____

Wenn ich haufenweise Segen brauche

Der Herr sei vor mir,
um mir den rechten Weg zu zeigen.
Der Herr sei neben mir,
um mich in die Arme zu schließen und mich zu schützen.
Der Herr sei hinter mir,
um mir Mut zu machen.
Der Herr sei unter mir,
um mich aufzufangen, wenn ich falle.
Der Herr sei in mir,
um mich zu trösten, wenn ich traurig bin.
Der Herr sei um mich herum, um mich zu verteidigen,
wenn andere über mich herfallen.
Der Herr sei über mir,
um mich zu segnen.
So segne mich der gütige Gott.

Altchristliches Segensgebet

Anleitung

1. Führe weiter:
   Wenn einer so betet, dann ______________________________
2. Er glaubt an einen Gott, der ______________________________
3. Wähle aus dem Segensgebet den für dich zutreffenden Gedanken und rahme ihn ein.
4. Gestalte diesen Gedanken in Farben und Formen auf einem Folienstreifen oder in das obige Kästchen.
5. Legt eure Folienstreifen der Reihe nach auf den Tageslichtprojektor und betet gemeinsam dieses Segensgebet.
6. Sprich einem/einer Schüler/in das gleiche Wort zu, das du gewählt hast. Der Herr sei neben dir ...

Wenn ich einen guten Stern brauche

Kraft zum Unterwegssein wünsche ich dir:	Gottes Wohlwollen in deinem Leben.
Mut zur Versöhnung wünsche ich dir:	Gottes Licht in deinem Leben.
Grund zur Hoffnung wünsche ich dir:	Gottes Wegbegleitung in deinem Leben.
Vertrauen zum Miteinander wünsche ich dir:	Gottes Bestärkung in deinem Leben.
Begleitung zum Aufbruch wünsche ich dir:	Gottes Zuwendung in deinem Leben.

Anleitung

1. Verbinde jeweils eine Aussage auf der linken Seite mit einer Aussage auf der rechten Seite. Ein Beispiel ist vorgegeben.
2. Wähle den für dich zutreffenden Segensspruch und schreibe ihn in den Rand des Sterns.

Wenn ich mir einen Engel wünsche

> Seinen Engeln hat Gott befohlen,
> dich zu behüten auf all deinen
> Wegen.
>
> Ps 91,11

Ich brauche einen Engel,

- der mich sicherer macht bei meinen Entscheidungen.
- der mich zuversichtlich macht, wenn ich traurig bin.
- der mir einen Ausweg zeigt, wenn ich nicht mehr weiter weiß.
- der mich ruhig werden lässt, wenn alles in mir in Aufruhr ist.
- der mir immer wieder sagt, dass ich nicht alles können muss.
- der mich mag, auch wenn ich Fehler mache.
- der mich umarmt, wenn vieles danebengeht.
- der mich Leichtigkeit und Heiterkeit leben lässt.
- der mir das rechte Wort zur rechten Zeit sagen lässt.
- der mich beständig begleitet.
- ______________________________________

Anleitung

1. Der Psalmvers zeigt dir, dass Gott dir in seinen Engeln nahe ist.
2. Schaue, welchen Engel du für deine Situation brauchst. Kreuze an bzw. beschreibe die Leerzeile.
3. Bringe deine Situation und den Engel in einem Bild zusammen in verschiedenen Farben und Formen. Benütze die Rückseite.

Wenn ich die Engel in meinem Leben gar nicht bemerke

Tobias, der Sohn von Tobit und Hanna, erhält von seinem Vater den Auftrag, auf die Reise zu gehen, um das gesparte Geld abzuholen. Nachdem Tobias noch nie eine so große Reise allein gemacht hat, sagt sein Vater zu ihm: „Such jemand, der mit dir auf die Reise geht." (Tob 5,3) Tobias findet einen Mann, Asarja, der ihn begleitet. Was Tobias nicht bemerkt: Asarja heißt eigentlich Rafael und war ein Engel.

Anleitung

1. Lies den Text in Ruhe!
2. Zeichne einen Engel in den Rahmen.
3. In unserem Leben gibt es Menschen, die wie Engel sind, Menschen, die wichtig sind, für längere Zeit oder nur für einen Augenblick! Schreibe um den Rahmen die Namen von Menschen, die für dich wie Engel sind.

Wenn ich für jeden Tag einen Engel brauche

Ich bitte um den Engel, der
Ich wünsche mir einen Engel, der

Montag: ______________________

Dienstag: ______________________

Mittwoch: ______________________

Donnerstag: ______________________

Freitag: ______________________

Samstag: ______________________

Sonntag: ______________________

Anleitung

1. Schreibe am Anfang des Tages in die jeweilige Leerzeile, welchen Engel du für diesen Tag besonders erbittest.
2. Suche aus den Sätzen in den Kästchen einen aus, der dich besonders anspricht und gestalte ihn farbig.

Von guten Mächten wunderbar geborgen, erwarten wir getrost, was kommen mag.

Ich, dein Gott, werde einen Engel schicken, der dir vorausgeht.

Dein Engel überbringt dir Nachrichten von Gott.

Achte auf den Engel und hör auf seine Stimme!

Dein Engel erinnert dich daran, dass du vieles nicht beeinflussen und begreifen kannst. Und dass du trotzdem geborgen und behütet bist!

3. Dieses Blatt kannst du eine ganze Woche lang verwenden.

Wenn ich mich nach „guten Worten“ sehne

Gott sei dir nahe
in allem, was dir begegnet!

Gott umarme dich
in Freude und Schmerz
und lasse Gutes aus beidem
wachsen.

Gott schenke dir
ein offenes Herz für
alle, die dich brauchen.

Gott möge dich umgeben
mit seinem Glanz und deine
Dunkelheit erleuchten mit
lichten Gedanken.

Segen sei mit dir, Licht sei
um dich und immer in
deinem Herzen!

Gott schenke dir Menschen,
die dich mögen und dir Mut machen.

Dir sollen Hände geschenkt sein,
die nicht lange überlegen, ob sie
gut sein wollen.

Gott lasse deine Augen die kleinen
Dinge des Alltags wahrnehmen.

Irische Segenswünsche

____

____

____

Anleitung

Wähle aus den Segensworten eines aus, das für dich am besten passt, hebe es durch farbige Gestaltung hervor und schreibe es als Segen für dich in die Leerzeilen z. B. Gott sei mir nahe ...

Wenn Menschen auf Verwandlung hoffen: Advent

Anleitung

1. Was erzählt das Gesicht der Mutter?
2. Was kommt im Bild zum Ausdruck? z. B. Geborgenheit, Wärme, ...
   Schreibe die Wörter links vom Bild.
3. Oft erleben Menschen das Gegenteil, z. B. Kälte, Hass, ...
   Schreibe rechts vom Bild.
4. Worauf Menschen hoffen:

   Wer traurig ist, wird wieder froh.
   Verzweifelte werden getröstet sein.
   Versprochen hat Gott es uns so.
   Und alle dürfen sich freun.
5. Schreibe weiter:

   Wer ________________ , soll ________________________________

   ____

   ____

   oder:

   Wo Kälte herrscht, soll Wärme sich ausbreiten,

   Aus Hass soll ____

   ____

   ____

   oder:

   Texte selbst eine neue Strophe wie unter 4.

   ____

   ____

   ____

   ____

Ausschnitt aus dem Bild „Stalingradmadonna“ von Kurt Reuber, 1942

Wenn Ochsen zu reden anfangen

Was der Ochse im Stall von Bethlehem erzählt:

Ja, ich bin ein Ochse, stark, in gewissem Sinn behäbig, fürs Arbeiten zuständig. In den Kreis der Gescheiten und solcher, die es von sich meinen, komme ich nicht. Aber deshalb bin ich noch lange nicht blöd, auf keinen Fall ein blöder Ochse.

Ich bin nicht umsonst zusammen mit dem Esel in das Krippenbild gekommen. Es heißt ja: Der Ochs und der Esel kennen die Krippe ihres Herrn. Ihr müsst doch auch wissen: Beim Herrn gibt's was zu futtern. Ihr meint so oft, wo ihr überall dabei sein müsst, damit ihr Nahrung findet für euch. Dabei ist es so einfach: Geht zum Herrn! Dort bekommt ihr, was ihr braucht: Futter für die Seele. Ihr verhungert sonst vor den vollen Trögen!

Manchmal denke ich: Ihr seid bloß noch unterwegs. Lauter Geschäftigkeit und Umtriebigkeit ist angesagt. Dabei werdet ihr eher unruhiger. Es ist gut, sich manchmal ins Stroh zu legen wie ich. Da kann sich vieles wieder legen. Der Blick wird wieder frei.

Anleitung

1. Lies den Text für dich.
2. Die Klasse versammelt sich um die Krippe und benennt die Figuren und Gegenstände.
3. Mit wem möchtest du sprechen?
   Wer soll dir etwas erzählen?
   Wähle eine Person, ein Tier, einen Gegenstand aus.
4. Was könnte die Person, das Tier, der Gegenstand berichten?
   Sie bzw. es beginnt zu erzählen: Was ich dir schon immer von mir erzählen wollte ...
   Schreibe es auf einem Blatt nieder.
   Gestalte das Wappen und den Wappenspruch der gewählten Person oder des gewählten Tieres darunter.
   Wie lautet ein SMS von Person, Tier oder Gegenstand auf alle Handys der Schüler/innen?

Wenn Weihnachtszeit ist

Weihnachtssegen

In der Dunkelheit
Gottes Licht

In der Einsamkeit
Gottes ______

In der Trauer
Gottes ______

In der Enge
Gottes ______

In der Freudlosigkeit
Gottes ______

In der Lebensangst
Gottes ______

In der Not
Gottes ______

In den Tagen
des neuen Jahres
Gottes ______

Anleitung

1. Lies dir den Text durch und entwirf neue Segensworte entsprechend dem ersten Vers.
2. Gestalte in der rechten Hälfte mit den Wörtern wie Dunkelheit usw. und den entgegengesetzten Wörtern wie Licht usw. ein Schreibbild.

Wenn mich Weihnachten berührt

Dezemberpsalm

Mit fester Freude
Lauf ich durch die Gegend
Mal durch die Stadt
Mal meinen Fluss entlang
Jesus kommt
Der Freund der Kinder und Tiere
Ich gehe völlig anders
Ich grüße freundlich
Möchte alle Welt berühren
Mach dich fein
Jesus kommt
Schmück dein Gesicht
Schmücke dein Haus und deinen Garten
Mein Herz schlägt ungemein
Macht Sprünge
Mein Auge lacht und färbt sich voll
Mit Glück
Jesus kommt
Alles wird gut

Hanns Dieter Hüsch

Anleitung

1. Lies den Dezemberpsalm durch.
2. Schwärze dann Wörter oder Sätze so lange, bis nur mehr ein Satz oder nur mehr ein Wort übrigbleibt.
3. Stelle diesen Satz oder dieses Wort in dem Kästchen nebenan farbig als Schreibbild dar.
4. Ihr könnt die Sinnwörter oder Sinnsätze in der Klasse austauschen oder zusammenschreiben als neuen Dezemberpsalm.

Angenagelt

Herr, stehe mir in ausweglosen Situationen bei.

Jesus wird ans Kreuz genagelt

Aus Dunkelheit zum Licht

Herr, hilf auch mir von der Dunkelheit ins Licht

Jesus ist auferstanden

aus: Massai-Kreuzweg

3. Schreibe an die zwei unbeschriebenen Seiten des Bildes Titel. Ein Beispiel steht schon über dem Bild.
4. Führe den angefangenen Satz aus einem bekannten Lied weiter. Er soll zu deinem ausgewählten Bild passen.

Ich möcht', dass einer mit mir geht, der ______________________________

____

Wenn ich Auferstehung kaum glauben kann

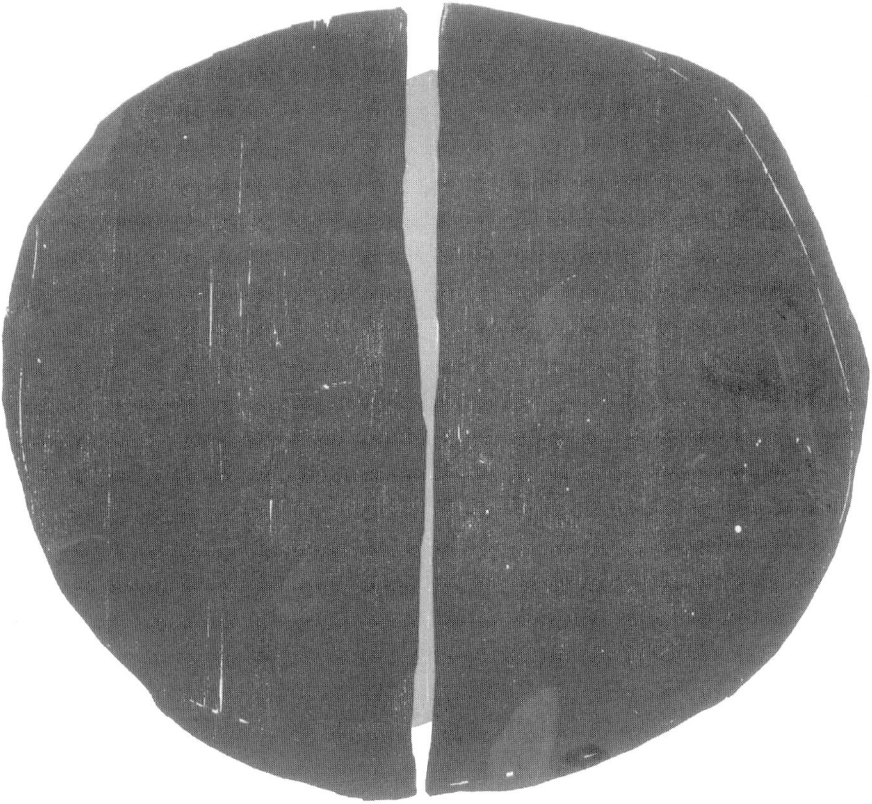

Konrad Schmid

Anleitung

1. Betrachte das Bild des Künstlers Konrad Schmid.

2. Unterstreiche in der folgenden Wortschlange die Wörter, die am besten ausdrücken, wie du über Auferstehung denkst.

unsinnunlogischseelevernunftschwachsinnquatschdummheitleichtgläubig
lebendigtodlügeendezerbrochenneuwahrheitirrsinnleichnamgestohlen
leeresgrabsteinweggewälztfreiheitblühenunsichersehensuchenlicht
finsternisharmoniegemeinschaftwärmeliebeanfanghimmelkraftverwand-
lungunrealistischendeausglücklichsinddienichtsehenunddochglauben

3. Gestalte mit den unterstrichenen Wörtern einen Rahmen um das Bild.

4. Thomas, einer der Jünger Jesu, konnte es einfach nicht glauben, dass Jesus auferstanden ist. Er hielt es für ein Hirngespinst: *Wenn ich die Wundmale der Nägel an seinen Händen nicht sehe, wenn ich sie nicht berühren und meine Hand nicht an die Stelle legen kann, an der Jesus mit der Lanze durchbohrt wurde, dann glaube ich nicht!*

   Ergänze Thomas' Satz aus deiner Sicht!

Wenn ich ____

____,

dann glaube ich nicht!

5. Thomas hat Jesus eine Woche später gesehen und er durfte ihn berühren. In der letzten Zeile der Wortschlange findest du den Satz, den Jesus dabei zu Thomas gesagt hat.
   Schreibe ihn als Titel farbig zum Bild!

Wenn die Welt Segen braucht

Segen für die Welt

Geht hin in die Welt, in Abend und Morgen.
Gott, Schöpfer des Lichtes, segne euch und alle Menschen
und alles, was den Hauch des Lebens in sich trägt.
Gott segne euch im Lauf der aufgehenden Sonne
rund um die Erde;
sei du der Morgenstern, der über Australien wacht;
die Morgensonne, die über Asien aufgeht;
die Sonne der Gerechtigkeit, die für Afrika neuen Segen bringt;
die Morgenröte, die über Europa erstrahlt;
das Sonnenlicht, das sich über die Weiten Süd- und
Nordamerikas verschenkt.
Gott segne euch und behüte euch. Gott sorge für euch.
Gott bewahre euch und erfülle euer Leben mit Liebe. Amen.

Kirche, die sich öffnet.
Fritz Baltruweit, Dieter Haite
und Jan Hellwig

Anleitung

1. Sprich für dich leise das Gebet.
2. Unterstreiche im Text mit jeweils verschiedenen Farben die fünf Erdteile und die dazugehörige Benennung für Gott.
   z. B. Morgenstern – Australien
3. Verwende die jeweilige Farbe auch für den Erdteil auf der Weltkarte.
4. Sprich leise die Sätze, z. B. Gott, sei du der Morgenstern über Australien, und verbinde das betreffende Kästchen mit dem dazugehörigen Erdteil.
5. Betet in der Klasse gemeinsam.

Gott, sei du

100

der Morgenstern

die Morgensonne

die Sonne der Gerechtigkeit

die Morgenröte

das Sonnenlicht

Wenn es für heute einfach reicht

Bevor des Tages Licht vergeht,
o Herr der Welt, hör dies Gebet:
Behüte uns in dieser Nacht
durch deine große Güt und Macht.

Hüllt Schlaf die müden Glieder ein,
lass uns in dir geborgen sein
und mach am Morgen uns bereit
zum Lobe deiner Herrlichkeit.

Dank dir, o Vater reich an Macht,
der über uns voll Güte wacht
und mit dem Sohn und Heilgen Geist
des Lebens Fülle uns verheißt.
Amen.

T: Friedrich Dörr 1969 nach „Te lucis ante terminum“, 5./6. Jh.

Anleitung

1. Lies das Abendgebet der Kirche in Ruhe.
2. Gestalte dieses Gebet auf einem Blatt. Du kannst dabei die Zeichnungen, Teile aus dem Gebet (Worte, Zeilen...) und Farben verwenden.

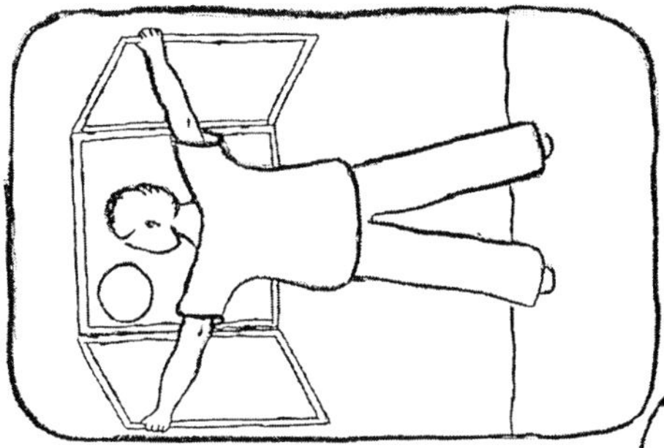

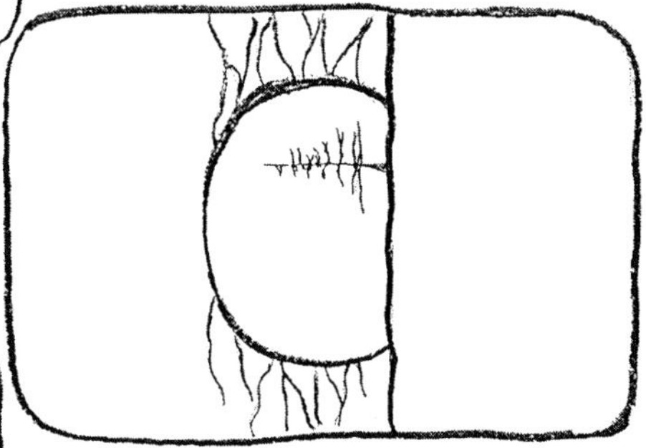

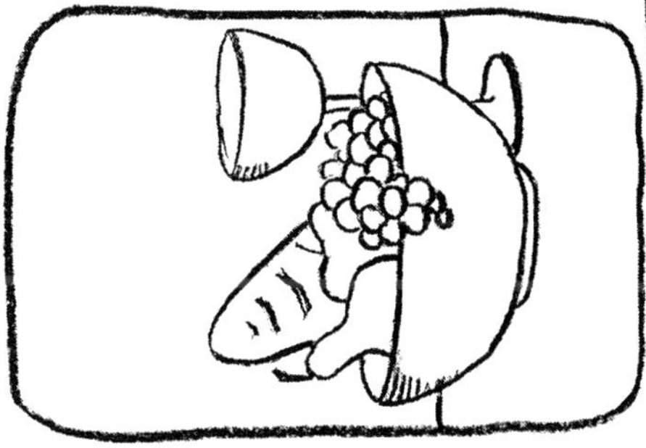

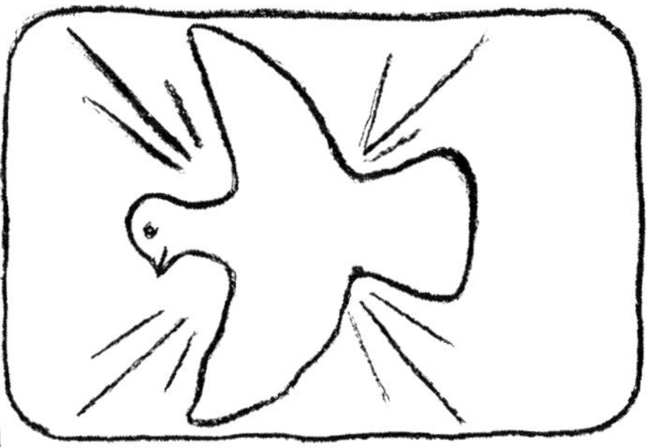

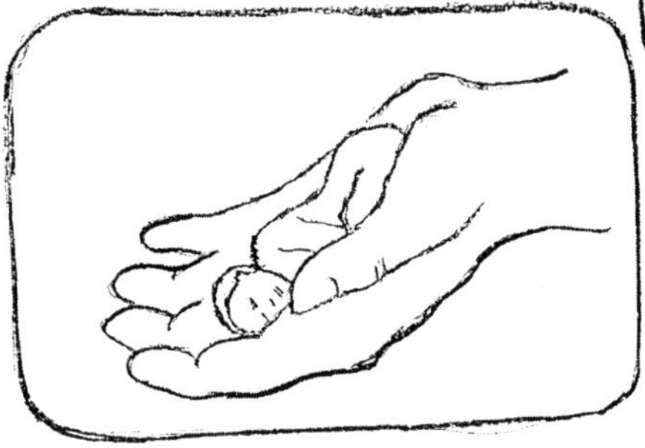

Diana Bensch

Stichwortverzeichnis

Die angegebenen Ziffern entsprechen den Nummern im Inhaltsverzeichnis

Quellenverzeichnis

Wir haben uns bemüht, jeweils die genaue Bild- oder Textquelle anzugeben und die Abdruckrechte dafür zu erwerben. Leider war dies nicht in allen Fällen möglich. Für Hinweise sind wir dankbar.

Textnachweise

Nr. 8: Einmal am Tag, aus: Klemens Nodewald, Applaus für den Zitronenfalter, © Verlag Herder, Freiburg i. Br. – Nr. 11: Initiativen zum Kirchenjahr, Andere Zeiten e. V., Der andere Advent 2003, 3.12.03 und Einleitung. – Nr. 15: Worauf sollen wir hören, Lothar Zenetti 1971, aus: Gotteslob, Katholisches Gebet- und Gesangbuch. – Nr. 27: Anne Steinwart, aus: Saatkörner Eichstätt 1/2004, Seite 2. – Nr. 31: Herr, geh mit uns, T + M: Kathi Stimmer-Salzeder © Verlag Wort und Musik, Aschau am Inn. – Nr. 42: Komm herab, o Heilger Geist, „Veni sancte spiritus", Übertragung von Maria Luise Thurmair und Markus Jenny 1971, aus: Gotteslob, Katholisches Gebet- und Gesangbuch, © Verlag Herder, Freiburg i. Br. –Nr. 45: Gebet der Vereinten Nationen, aus: Gotteslob. Katholisches Gebet- und Gesangbuch. – Nr. 47: wie Nr. 42. – Nr. 52: Text nach: Herr, ich wünsche mir, aus: Gotteslob. Katholisches Gebet- und Gesangbuch. – Nr. 62: Sag ja zu mir, wenn alles nein sagt, Diethard Zils 1970, Rechte: Verlag Strube, München-Berlin. – Nr. 83: wie Nr. 11. – Nr. 85: „Wünsche schicken wir wie Sterne", T: Eckart Bücher, aus: Buch/CD Welt-Segenslieder für Kinder © < Kontakte Musikverlag, 59557 Lippstadt. – Nr. 96: Hanns Dieter Hüsch/Marc Chagall, Das kleine Weihnachtsbuch, Seite 6, 2002/7, tvd-Verlag Düsseldorf, 1997. – Nr. 97: Jesus lebt!, T: Christian Fürchtegott Gellert, 1757, M: Albert Höfer, 1857, aus: Gotteslob, Katholisches Gebet- und Gesangbuch, Dözesanteil Passau. – Nr. 101: Bevor des Tages Licht vergeht, Friedrich Dörr 1969 nach „Te lucis ante terminum" 5./6. Jh., aus: Gotteslob, Katholisches Gebet- und Gesangbuch.

Bildnachweise

Die hier veröffentlichten Bilder von Konrad Schmid in graugestuftem Druck sind im Original farbige Holzschnitte.

Nr. 5: Konrad Schmid, aus dem Künstlerbuch „Vorfahrt für Schmetterlinge", 2001, in: Auf den Punkt gebracht II, 2004. – Nr. 6: Konrad Schmid, aus der Serie „Bögen", 2000, in: Auf den Punkt gebracht II, Kalender, 2004. – Nr. 42: Konrad Schmid, Ohne Titel, 1999, in: Auf den Punkt gebracht II, Kalender, 2004. – Nr. 43: Foto unten links: Misereor aktuell 1/2004, S 10; Foto unten rechts: Dr. Hans Würdinger, Passau. – Nr. 44: Konrad Schmid, aus dem Künstlerbuch „Den Himmel teilen", 1999, in: Auf den Punkt gebracht II, Kalender, 2004. – Nr. 55: Konrad Schmid, „Zwei", 2001, in: Auf den Punkt gebracht, Kalender, 2002. – Nr. 61: Konrad Schmid, aus der Serie „Blaue Bögen", 2000, in: Auf den Punkt gebracht, Kalender, 2002. – Nr. 86: Foto oben links: Misereor aktuell 1/2004, S 10; Foto unten links: Fastenkalender 2004, Misereor, Das Hilfswerk, 24. März; Foto unten rechts: Misereor aktuell 1/2002, Titelseite. – Nr. 98: Ausgewählte Stationen aus dem Massai-Kreuzweg, Werkmappe zum Kreuzweg für Schule und Gemeinde, © Missio München 2001. – Nr. 99: wie Nr. 44.

Wenn es höchste Zeit für Auferstehung ist

Auferstehung
ist nicht bloß eine Sache
die irgendwann
nach dem Tod passiert,
wenn man zu Gott kommt - oder auch nicht.
Auferstehung
geschieht
auch jetzt.
Wenn Menschen aufhören
sich gegenseitig zu betrügen.
Wenn Menschen plötzlich
neuen Lebensmut fassen.
Wenn Menschen aufstehen,
die in den Dreck gestoßen wurden.

Wenn ____

____

Wenn ____

____

Dann passiert AUF-ER-STEHUNG schon jetzt.

Anleitung

1. Lies den Text
2. Führe die Satzanfänge mit deinen Gedanken weiter.
3. Du darfst einen deiner „Auferstehungssätze" vorlesen.